SCHACH
BEI
FRANCKH

W0188607

Fred Reinfeld

Schach für Amateure

Partien, Fragen und Antworten zur Hebung der Spielstärke

Deutsche Übersetzung und
Bearbeitung von Rudolf Teschner

Franckh'sche Verlagshandlung
Stuttgart

Aus dem Englischen ins Deutsche übertragen und fachlich bearbeitet von Rudolf Teschner.
Titel der Originalausgabe: „Chess for Amateurs"
In englischer Sprache zuerst erschienen in den USA bei David McKay Company und bei Pittman Publishing Corporation.
Introduction copyright © 1977 by Stein and Day, Publishers.

(ISBN 0-8128-2185-8)

Mit 49 Diagrammen im Text

Umschlaggestaltung von Edgar Dambacher unter Verwendung eines Dias von Uwe Höch

CIP-Kurztitelaufnahme der Deutschen Bibliothek

Reinfeld, Fred:
Schach für Amateure: Partien, Fragen u.
Antworten zur Hebung d. Spielstärke / Fred
Reinfeld. Dt. Übers. u. Bearb. von Rudolf
Teschner. – 3. Aufl. – Stuttgart: Franckh,
1982.
(Schach bei Franckh)
Einheitssacht.: Chess for amateurs <dt.>
ISBN 3-440-04740-7
NE: Teschner, Rudolf [Bearb.]

3. Auflage/12. – 16. Tausend
Franckh'sche Verlagshandlung, W. Keller & Co., Stuttgart/1982
Für die deutsche Ausgabe:
© 1979, Franckh'sche Verlagshandlung, W. Keller & Co., Stuttgart
Printed in Germany/Imprimé en Allemagne/L 19Fi H os/ISBN 3-440-04740-7
Gesamtherstellung: Brönner & Daentler KG, Eichstätt

Schach für Amateure

Einführung

Welche Art von Partien sollte der aufstrebende Amateur studieren – die schönsten Leistungen der großen Meister oder die etwas groben, von Irrtümern überzogenen Kämpfe von Spielern, die etwa auf dem eigenen Niveau stehen? Untersucht er die Partien der Meister, erhält der Amateur einen Schimmer des Ideals, davon, was vor ihm liegt, wonach er zu streben hat. Hier kann er beobachten, welches Höchstmaß zu erzielen ist bei Manövern gegen Schwächen wie den rückständigen Bauern, den vereinzelten Bauern, den Doppelbauern und so fort. Er kann außerordentlich viel über den Wert der Beweglichkeit der Figuren lernen, wenn er einem Bobby Fischer folgt, wie er einen Bauern opfert, um die gegnerischen Figuren festzubinden. Außerdem sollte jeder, dem nicht klar ist, wie man einen stürmischen Mattangriff zu führen hat, die vielen glänzenden Beispiele solcher Meister der Attacke wie Boris Spasski oder Michail Tal studieren. Will man andererseits ein zutreffendes Bild davon erhalten, was wahrhaft großartiges Verteidigungsspiel zustandebringen kann, gibt es nichts Besseres, als sich den besten Leistungen eines Samuel Reshevsky oder Viktor Kortschnoj zuzuwenden.

Die Partien der großen Meister liefern das objektive Maß für gutes Schach; sie zeigen dem strebsamen Amateur, wohin sein Weg geht. Bücher wie Reinfelds „Die unsterblichen Partien Capablancas" oder „Beide Seiten des Schachbretts" von Byrne und Nei zeigen auf, was Schach auf höchstem Niveau sein kann. Trotzdem ist es für den ehrgeizigen Amateur auch wichtig, ein persönliches Maß für sein eigenes Schach zu entwickeln, einen kritischen Blick dafür, wo er zu jedem Zeitpunkt seines Fortschritts auf dem Weg nach oben steht. Er sollte sich über seine Stärken klar sein, um sie weiter verbessern zu können und über seine Schwächen, um sie zu beseitigen. In dem hier vorliegenden Buch zeigt Reinfeld typische Amateur-Partien, die jene Art von Spiel enthalten, das der Leser als sein eigenes zu erkennen vermag. Er wählt aus und erklärt das Warum und Wozu der verschiedenen Arten von Fehlern, die zwischen dem Amateur und dem Aufstieg stehen.

Der hauptsächliche Grundfehler ist natürlich das taktische Versehen. Für den Anfänger besteht das erste Problem beim Erlernen des Schachspiels darin, die Figuren in ihrer Dynamik zu erkennen; das heißt nicht als träge Gegenstände, die lediglich Raum auf dem Schachbrett besetzen, sondern als Kraftzentren, deren Wirkungen den Raum überstrahlen und Druck ausüben. Zum Beispiel muß der Läufer als ein Stein betrachtet werden, der Kraft auf der Schrägen bis zu sieben Feldern weit (kein Stein wirkt auf das von ihm besetzte Feld) ausübt, falls er nicht von eigenen Steinen (er „deckt" sie dann) oder von feindlichen (er greift sie dann an) eingeengt wird. Die Flugbahn des Springers wiederum ist als ein Wirkungskreis zu sehen, der bis zu acht Feldern in einem Strahlenmuster umfaßt.

Das zweite Problem besteht darin, die Figuren im Zusammenwirken zu sehen, vorauszusehenwie sie sich gegenseitig in ihrer Wirkung auf eines oder mehrere Felder unterstützen. Jede Taktik ergibt sich aus der Zusammenarbeit der Steine, und man kann sich nicht genug darin üben, ihre gegenseitigen Wirkungen zu erfassen. Durch dieses ganze Buch hindurch stellt Reinfeld die Fähigkeit des Lesers auf die Probe, taktische Gelegenheiten, die sich ergeben, zu erkennen. Sein Ziel ist, die Suche nach scharfen Taktiken zur Gewohnheit zu machen, die der vorwärtsstrebende Amateur in jeder Stellung anwenden wird, die sich ergibt. Es ist notwendig, das Erkennen grundlegender Taktik gewohnheitsmäßig vorzunehmen, so daß der Geist frei sein wird, sich auf tiefere Kombinationen von der Art zu konzentrieren, die im Spiel auf hoher Ebene Partien entscheiden.

Zehn volle Partien werden zur ziemlich erschöpfenden Untersuchung dargeboten, wobei der Verfasser bei einfachen Themen beginnt und zu schwierigeren übergeht. Diese Partien sind mit Quizfragen versehen; die Antworten folgen in einem besonderen Abschnitt. Ein großer Vorteil dieser Methode besteht darin, daß sie vom Leser aktive Mitarbeit verlangt. Sie vermeidet es, im Leser den falschen Glauben zu erwecken, daß er mehr versteht als es tatsächlich der Fall ist; entweder stimmen seine Antworten mit Reinfelds lehrreichem Kommentar überein oder nicht. Die vorgelegten Fragen sind nicht auf einen bestimmten Bereich beschränkt, sondern sie decken jeden Gesichtspunkt des praktischen Spiels am Brett ab. Außer zu besonderen Taktiken wird der Leser dazu angehalten, allgemeine Strategien und Zwecke festzustellen, die Bedeutung der verschiedenen, sich ergebenden Formationen und die Zweckmäßigkeit der einzelnen Züge einzuschätzen. Er erhält so eine Erfahrung, als habe er die Partie selbst gespielt und Reinfeld an seinem Ellbogen die Unterweisungen erteilt.

Ein Gesichtspunkt des Amateurspiels, der gute Ergebnisse nicht zuläßt, ist das Verpfuschen von Gewinnstellungen; es ist keine Übertreibung zu sagen, daß, sobald ein Spieler seine gewonnenen Partien auch nach Hause bringt, er bereits ein Meister ist. Aber wie bringt man das fertig? Das Problem besteht darin, daß es, nachdem man einen harten Kampf ausfechten mußte, um einen entscheidenden Vorteil zu erringen, sehr schwer ist, das Gefühl, die Arbeit sei getan und man könne sich entspannen, zu vermeiden. Nichts ist weiter von der Wahrheit entfernt.

Ich habe Turnierzuschauer gesehen, die eine närrische Belustigung über den Zeitverbrauch zur Schau trugen, den sich ein Genie des Endspiels wie der frühere Weltmeister Wassily Smyslov leistet, wenn er ein normales Endspiel mit einem Bauern mehr zu Ende führt. Was er versteht und sie nicht, sind die Myriaden von Hilfsmitteln, die vorhanden sind, um einem Schwindel in solchen Endspielen aufzusitzen, und er geht vollkommen sicher, daß sein Gegner mit einer solchen Sache gegen ihn nicht davonkommt.

Die beste praktische Regel, der man bei der Behandlung von Gewinnstellungen folgen kann, ist die eines anderen früheren Weltmeisters, Alexander Aljechin, der sich angewöhnte, immer nach der glänzendsten, genauesten, logisch sparsamsten Weise zu suchen, seinen Gegner der Handlungsfreiheit zu berauben sobald er ihn am Boden hatte. Es ergeben sich eine Anzahl von Vorteilen, die die besondere Mühe lohnenswert erscheinen lassen. Einmal, wenn Sie ein solches anspruchsvolles Spielmodell vor Augen haben, verringert das die Wahrscheinlichkeit, daß Ihre Konzentration nachläßt, ganz wesentlich. Ferner wird genaues Spiel Ihrem Gegner sehr wenig Raum für die Art von Gegenspiel gewähren, das Ihnen wirkliche Probleme stellen kann. Außerdem, wenn Sie hoffen, sprühende Kombinationen zu schaffen, so ist die richtige Zeit dafür dann, wenn Sie die überlegene Stellung haben, die sie möglich macht.

Es gibt natürlich Gewinnstellungen, wo Sie einen entscheidenden Materialvorteil haben und die Hauptaufgabe darin besteht, das gefährliche Gegenspiel des Partners vorherzusehen und auszuschalten. Das sind die Stellungen, die für den Amateur die größten Enttäuschungen in sich bergen, weil er so oft in Verkennung der Tatsachen annimmt, der Gewinnvorgang müsse einfach sein, während er gleichzeitig von gegnerischen Drohungen, die Sorgen verursachen, geärgert wird und in Verwirrung gerät.

Reinfeld gibt ein perfektes Beispiel dieser Art von Stellung in seiner Partie zur zehnten Lektion. Im 29. Zug hat Weiß das entscheidende materielle Übergewicht von Dame gegen Turm und Läufer erhalten, aber sein König ist bloßgestellt. Seine ganze Aufmerksamkeit sollte nun auf das Problem gerichtet sein, den König von einem möglichen Kreuzfeuer der feindlichen Türme wegzubringen; statt dessen kostet ihn sein nachlässiges Spiel eine Partie, die er hätte gewinnen sollen, wie Reinfeld erläutert.

Was aus Reinfelds Besprechung dieser Partie herauskommt, ist ein Punkt, der nicht stark genug betont werden kann, nämlich daß die Züge, die erforderlich sind, um den Gegner zum Aufgeben zu bringen, wenn man eine Gewinnstellung aufweist, nicht weniger schwer zu finden, nicht leichter zu entdecken sind als die Züge, die überhaupt erst die überlegene Stellung herbeigeführt haben. Als der Weltmeister von 1894 bis 1921, Emanuel Lasker, bemerkte, daß es nichts Schwereres gibt, als eine gewonnene Partie zu gewinnen, machte er keinen Spaß. Der aufstrebende Amateur sollte daher den Schluß der zehnten Partie in Reinfelds Buch spielen und wieder spielen, bis er vollständig mit der Idee vertraut ist, keinesfalls nachzulassen, bis der Gegner tatsächlich aufgegeben hat. Vielleicht sollte er sich sogar das Diagramm beim 29. Zug von Weiß auf Seite 73 als ständige Erinnerung an das Problem einprägen.

Amateure zeigen gewöhnlich Ungeduld im Spiel mit den Bauern – als ob die Partie mit den Figuren allein geführt werden könnte. In Wahrheit steht die Sache so, daß die Figuren keine Gelegenheit erhalten, ihre wahre Kraft zu entfalten, wenn die Bauern nicht richtig geführt werden. Reinfeld gibt ein glänzendes Beispiel dieses Punktes in der Partie zur neunten Lektion. Hier schlägt Weiß, möglicherweise um Material zu gewinnen, einen Bauern und beeinträchtigt damit die Ordnung seines Bauernzentrums . . . Schwarz zwingt ihn zunächst, den Bauern zurückzugeben, und dann erkennt man bald, daß die weißen Figuren keine Zukunft haben, obwohl sie befriedigend entwickelt zu sein scheinen.

Während sie herumstehen wie bei einer Parade, schlüpfen die schwarzen Figuren von allen Seiten in die weiße Stellung hinein.

Wie war es den schwarzen Figuren möglich, soviel zustande zu bringen, während den weißen Streitkräften nützliche Tätigkeit versagt war? Die gegenseitigen Bauernstrukturen geben die Antwort: es gab keine Löcher oder schwache Punkte in der schwarzen Struktur, während die weißen Damenflügelbauern zersplittert waren und sich beide auf schwarzen Feldern befanden, wo sie das Einsickern der schwarzen Figuren auf die weißen Felder nicht zu unterbinden vermochten.

Erzählen Sie einem Amateur, daß Sie die Theorie der schwachen Farbkomplexe aufnehmen wollen, wird ihm gewöhnlich vor der Aussicht schaudern, sich mit einem so geheimnisvollen Thema auseinandersetzen zu sollen, das, wie er glaubt, jenseits seines Verständnisses liegen muß. Wenn man aber dieses Thema einführt, wie es sich natürlich aus dem Spiel in der neunten Beispielpartie ergibt, verschwindet der Hauch des Rätselhaften allmählich. Reinfelds Beispiel ist besonders gut ausgewählt wegen der Klarheit und Gradlinigkeit, mit denen der Begriff der schwachen Felder dargestellt wird.

Das Spiel von Schwarz in dieser neunten Partie sollte sorgfältig untersucht werden, weil es einen Modellfall feinen Positionsspiels darstellt. Man kann tatsächlich ganz sicher sein, wenn man sagt, daß Schwarz, auf der Grundlage dieser Leistung, bereits die Ränge des Amateurs verlassen und sich in die Kreise der Meister begeben hat. Der Leser, der lernt, mit dieser Art von Musterbeispiel zu arbeiten, kann das gleiche tun.

Reinfeld hat bereits einige der Grundlagen des Bauernspiels in seinen früheren Beispielpartien aufgegriffen. In Partie acht bestand der Hauptgrund des weißen Untergangs im Versäumnis, früh zu rochieren und die Waffe, dies auszunützen, bestand in einem kraftvollen Bauernvorstoß in der Mitte, der Angriffslinien aufriß. Vor der Blütezeit Paul Morphys, Amerikas erstem Weltmeister im Jahre 1858 *), wußten die besten Spieler, wie man in weit offenen Stellungen anzugreifen hat, und sie wußten auch etwas darüber wie man starke geschlossene Stellungen aufbaut. Sie versäumten jedoch sehr oft die Gelegenheit, einen Weg zu finden, um eine günstige geschlossene in eine entscheidende offene Stellung umzuwandeln. Dies ist die Lehre der achten Partie, eine außerordentlich wichtige, weil sie ein so breites Anwendungsgebiet hat. Auch hier wird die Art und Weise, wie die Initiative mittels aggressiver Verwendung der Mittelbauern erlangt wird, dramatisch gezeigt. Eben-

*) Anm. des Übers.: Offiziell gab es diesen Titel damals nicht.

so die Gefahr des passiven Zentrumsspiels.

Reinfelds Hauptlektion in Partie sieben, ist zu zeigen, wie man gleichzeitig mit den Problemen des Angriffs und Gegenangriffs fertig wird, wenngleich hier auch erwogen wird, welche Rolle Bauern spielen, indem sie Angriffsziele schaffen und sich an Angriffen beteiligen. Wo sich beide Könige unter Feuer befinden, wird der Ausgang der Partie unvermeidlich durch taktisches Spiel bestimmt, oft durch klugen Wechsel von Angriff zur Verteidigung und umgekehrt, wie Reinfeld bei seiner Kritik des Ablaufs dieser Begegnung deutlich erklärt. Der Amateur, der einseitig angreift und Gelegenheiten versäumt, sein Feld zu bereinigen, wird nach dieser Erläuterung klarer sehen.

Das Gambitspiel (meistens das Opfer eines Bauern in der Eröffnung, d. Übers.) ist sehr oft ein Stolperstein für den strebsamen Amateur. Er sieht zwar den greifbaren Bauern, der preisgegeben wird, nicht aber den Gegenwert in der Stellung, die der Gegner dafür erhält. Partie sechs zeigt, warum nur wenige erfahrene Spieler bereit sind, das Bauernopfer nach den Zügen 1.e2-e4 d7-d5 2. e4Xd5 Sg8-f6 3.c2-c4 c7-c6 anzunehmen: man beobachtet hier, wie sich überlegen bewegliche Figuren im Kampf auswirken und wie sie sich rasch gegen eine Schwäche wie etwa einen rückständigen Bauern auf einer offenen Linie richten lassen. Die Folgerung lautet nicht, daß man niemals ein Gambit annehmen soll, sondern eher daß man eine klare, ausreichende Vorstellung davon haben muß, worum es geht, wenn man sich auf Material stürzt.

Reinfeld legt die richtige Befreiungsstrategie für beengte Stellungen in der fünften Beispielpartie vor. Wie frühzeitig ist eine Problemfigur festzustellen, so daß die nötigen Schritte unternommen werden können um sicherzustellen, daß sie vernünftig entwickelt wird? In dieser Partie sollte Schwarz bereits im zweiten Zug erkennen, daß er bald den Hauptteil seiner Energie der Aufgabe zuzuwenden hat, wie er seinen Damenläufer ins Spiel bringen will. Wie es im praktischen Spiel jedoch so oft vorkommt, wird diese Partie schließlich durch den Spieler mit dem besseren Verständnis für taktische Tricks entschieden.

Die Partien der Lektionen Eins bis Vier zeigen typische Probleme bei der Entwicklung der Figuren, angefangen von der grundlegenden Erfordernis für Schnelligkeit und ungestörte Wirksamkeit bis zu immer mehr zunehmender wertentsprechender Zusammenarbeit im Hinblick auf spätere Mittelspielpläne. Der Amateur soll den Wert einer entwickelten Figur einzuschätzen lernen, so daß er den Abtausch seiner wohlentwickelten gegen die schlecht stehende gegnerische Figur vermeidet. Das schließt das Thema ein, wie weit man gehen kann, um eine Vereinfachung der Stellung zu umgehen, welch wichtige Wirkung

sogar ein offenbar routinemäßiger Tausch auf die Stellung der Bauern haben kann, und infolgedessen auch auf die Schaffung von Angriffen.

Eine wichtige Nebenwirkung der Quiz-Kommentar-Methode, die Reinfeld in diesem Buch anwendet, ist das Training, das sie dem lernwilligen Amateur bei der kritischen Durchsicht seiner eigenen Partien verschafft. Jede Partie, die er spielt, sollte er aufschreiben, nachspielen und mit seinem Gegner untersuchen und der Art von Quizfragen unterwerfen, die Reinfeld den Leser anzuwenden gelehrt hat. Man sollte ferner seinen eigenen Kommentar direkt nach der Partie aufschreiben und nachprüfen, nachdem eine Woche vergangen ist. Die vergangene Zeit ermöglicht es, einen Abstand zwischen sich selbst und der Partie herzustellen. Das ist eine große Hilfe, einen besseren Weitblick und Objektivität zu entwickeln. Ich begann mit dieser Methode, als ich dreizehn Jahre alt war, das Ergebnis war eindrucksvoll.

Man kann dieses Buch benützen und genießen, indem man die Partien nachspielt und einen Blick auf den Kommentar wirft; ich bin jedoch der festen Ansicht, daß die ergiebigste Methode darin besteht, die Antworten auf die Quizfragen aufzuschreiben, bevor man Reinfelds lehrreichen Kommentar zu Rate zieht. Auf diese Weise kann der Amateur sicher sein, bedeutende Fortschritte zu machen.

Robert Byrne

Vorwort

I

Jener eingefleischte Ironiker und Freund des Paradoxons, Dr. Tartakower, liebte es, sich als „alten Routinier" zu bezeichnen. Jedem, der mit Tartakowers Partien vertraut ist, muß es phantastisch ungereimt vorkommen, ihn einen Routinespieler zu nennen. Sein kriegerisches Temperament scheute das Konservative, das Offensichtliche, das Traditionelle, das Gewöhnliche, die ausgetretenen Pfade. Er liebte das Ungewöhnliche, das Seltsame, das Unerwartete, das Bizarre. Sein besonderes Vergnügen bestand darin, der Partie eine vollständig originelle Wende zu geben. Er fürchtete sich nicht, in schwierige, gefährliche oder sogar verlorene Stellungen zu geraten, denn er war ein beweglicher Kämpfer, der sich wie ein Wurm zu winden vermochte, ein fabelhafter Seiltänzer, ein Spieler reich an Ausflüchten und Kriegslisten und einmaligen Rettungen. So groß waren sein Mut und Zuversicht und seine Liebe für ungewöhnliches Spiel, daß er immer eine Vorliebe für jene Eröffnungen hatte, die allgemein als weniger gut angesehen worden waren.

Und doch war Tartakower, wie alle anderen Meister, in einem gewissen Sinn ein Routinespieler; in diesem Sinne ist ein Amateur weit von einem Routinespieler entfernt, so paradox es klingen mag. Er spielt ein hochoriginelles Schach!

Diese Unterscheidung, obwohl so spielerisch eingeführt, ist gleichwohl von größter Bedeutung. Die wertvollste Eigenschaft eines guten Spielers ist die Fähigkeit, den besten verfügbaren Zug zu finden, gleichviel welche Stellung ihm vorgesetzt wird, oder mindestens einen der besseren Züge. Nun, wie findet man wirklich diese ausgezeichneten Züge? Welcher Prozeß ist damit verbunden? Die verwendete Methode ist stets die gleiche, ob wissentlich oder unwissentlich, absichtlich oder unabsichtlich angewandt.

Die Anwendung dieser Methode beruht auf der Tatsache, daß in den vergangenen 150 Jahren Schachtheorie in gewaltigem Umfang angesammelt worden ist. Die Theorie besteht aus Faustregeln, die *allgemein* gültig sind, *ceteris paribus* (wenn alles übrige gleich ist). Es gibt darum solche Lehrsätze wie die folgenden (wobei man immer die erwähnte Einschränkung im Kopf haben sollte): es ist vorteilhaft, zwei Läufer gegen Läufer und Springer zu haben; oder ein Turm steht stark auf der siebenten Reihe, oder man sollte sich vor unbedachtem Vorgehen der eigenen

Bauern hüten und dergleichen. Natürlich werden diese Lehrsätze für den stärkeren Spieler zu *genaueren* und *persönlicheren* Formulierungen verfeinert. Für den schwächeren Spieler, dessen Fähigkeiten noch weniger entwickelt sind, bedeuten diese Verallgemeinerungen ungeschliffene Waffen, grobe, fertige Hilfsmittel. Aber die größte Schwierigkeit des Amateurs besteht darin, daß er sehr oft nicht einmal diese allgemeinen Gesetze kennt!

Wir kommen nun dazu, uns mit der unmittelbaren Anwendung dieser Überlegungen auf den Prozeß der Analyse einer gegebenen Stellung zu beschäftigen: dieser Vorgang hat zwei miteinander verknüpfte Gesichtspunkte. Um einer Stellung auf den Grund zu kommen, muß man erkennen, wie diese Stellung allen anderen Stellungen der gleichen allgemeinen Art *ähnelt,* und danach ist zu folgern, inwieweit die gegebene Lage von allen anderen der gleichen Art *abweicht.* Für den Meister, der mit allgemeinen Prinzipien gründlich vertraut ist, ist das Verständnis der verallgemeinerten Merkmale einer Stellung eine einfache Sache, und ebenso erleichtern seine Erfahrung, sein Wissen und seine Fähigkeiten die Lösung des Problems: die Stellung von allen anderen zu unterscheiden, die Besonderheiten festzuhalten, den einzigartigen Wendungen nachzuspüren, die möglichen Schwierigkeiten einzuschätzen, die Fallen und technischen Feinheiten. Für den Amateur andererseits ist

das Problem von außerordentlicher Schwierigkeit. Weil er die allgemeinen Regeln nicht kennt oder sie nur auf verschwommene Weise versteht, ist die Stellung ein Meer der Verwirrung, ein verwaschenes Bild, das nicht genau einzustellen ist, weil das Wissen fehlt, die Faktoren, aus denen sich die Situation auf dem Brett zusammensetzt, zu einer klaren und genau aufeinander abgestimmten Sicht zu bringen. Sogar wenn man ihm zugesteht, genug von den Grundregeln zu kennen, um eine ziemlich gute Idee von der Natur der Stellung zu haben, ist es noch immer möglich und tatsächlich wahrscheinlich, daß er stolpern wird, wenn er daran geht, die besonderen Erfordernisse der Lage zu erwägen.

Noch schlimmer: fehlt ihm eine *methodische* Annäherung an das Problem, den richtigen Zug zu finden, wird er nicht einmal nach einer Grundregel Ausschau halten. Er tappt schmerzlich und ziellos nach dem, wie er hofft, guten Zug. Er hat keine leitende Idee, die ihn, so wenig ausgeprägt sie sein mag, von Zug zu Zug tragen wird. Aber an jeder Kreuzung muß der Spieler aufs Neue versuchen, sich zu orientieren. Es ist daher kein Wunder, wenn Amateure zwar auf den richtigen Zug verfallen, dabei aber unrichtigen Überlegungen folgen – ein gefährlicher, weil unzuverlässiger Weg, Schach zu spielen. Man kann wohl von vielen Amateurpartien sagen, daß sie jenen Duellen in der Fremdenlegion gleichen, die im Dunkeln ausgefochten werden, und jeder der beiden Kämpfer hält ein Messer in der einen und eine Laterne in der anderen Hand. Wir sehen also, daß der Amateur bei jedem Zug ein nervenzerrüttendes Problem lösen muß (das heißt, wenn er sich seiner Mängel bewußt und begierig ist, sich zu verbessern), während andererseits der Meister ein viel leichteres Stück Arbeit zu verrichten hat. Seine Erfahrung geht so sehr in sein Spiel ein, daß er Stellungen gefühlsmäßig(intuitiv) erfaßt. Professor Whitehead beschreibt diesen Sachverhalt auf kernige Weise in seiner *„Einführung in die Mathematik"*, wenn er schreibt: „Es ist eine völlig verfehlte, nur dem Augenschein nach von selbst einleuchtende ‚Wahrheit‘, die von allen Lehrbüchern und von bedeutenden Leuten bei ihren Reden wiederholt wird, daß wir die Gewohnheit annehmen sollten, zu überlegen, was wir tun. Das genaue Gegenteil ist der Fall. Die Zivilisation macht Fortschritte, indem sie die Zahl wichtiger Handlungen vergrößert, die wir, ohne über sie nachzudenken, ausführen können".

Das mag auf den ersten Blick ein phantastischer Gedanke sein, in ihm steckt jedoch eine gehörige Portion Wahrheit. Leute, die Schwimmen oder Radfahren *lernen* oder das Zehnfingersystem auf der Schreibmaschine, müssen tatsächlich denken und zwar angestrengt denken. Diejenigen aber, die diese Tätigkeiten beherrschen, hervorragende Schwimmer oder Radfahrer oder Maschinenschreiber – sie denken nicht während ihrer Tätigkeit, sie „tun es eben". Der große Schachmeister, der die technischen Erfordernisse für die Fähigkeit, gut Schach zu spielen, beherrscht, hat so seinen Verstand für die höheren Erfordernisse der Schachkunst befreit, die sich in außergewöhnlichen Kombinationen, in tiefen Manövern oder in der kristallklaren Führung eines Endspiels, das uns mit der Sparsamkeit der Mittel begeistert, ausdrükken.

Der Schachmeister mußte, gleichgültig wie groß seine Eignung war, eine angestrengte Lehrzeit durchmachen, die es ihm ermöglichte, Stellungen einzuschätzen, Möglichkeiten abzuwägen, Irrtümer zu entdekken und Fallen zu durchschauen – alle diese Dinge intuitiv. Müßte er jede Stellung so betrachten, als wäre sie die einzige ihrer Art, hätte er nicht den Rückhalt der Erfahrung, so wäre er in der Lage eines Mannes, der es unternimmt, alle Lehrsätze der Euklidschen Geometrie zu demonstrieren, ohne die grundlegenden Regeln und Voraussetzungen zu kennen. Kurz gesagt, er wäre in der Lage der überwiegenden Mehrheit der Schachamateure.

II

Der Zweck dieses Buches ist daher, den Lernenden zu befähigen, sehr rasch und leicht herauszufinden, wonach er in seinen Partien suchen sollte, und ihn zu lehren, seine Schwächen zu erkennen und sie zu beseitigen. Zu den bittersten Prüfungen des Amateurs gehört zum Beispiel seine Neigung, Übersehen zu begehen oder die beste Fortsetzung auszulassen. Dieses Buch wendet daher die Aufmerksamkeit wieder und wieder auf diesen Mangel hin. Es gibt keinen Zweifel daran, daß der Leser, sobald er einmal solcher außerordentlich eindringlichen Voreingenommenheit mit einer besonderen Art von Fehlern ausgesetzt worden ist, sich in seinen eigenen Partien vor ihnen in Acht nehmen wird.

Es wird nützlich für den Leser sein, von Anfang an über die Punkte, die in diesem Buch ausgeführt werden, Klarheit zu haben –

1) Immer danach streben Übersehen zu vermeiden. Diese Gefahr ist stets vorhanden. Vor jedem Zug „blicke man ein letztes Mal herum", um sicherzugehen, daß man nichts *eingestellt* hat (kein Stein einfach geschlagen werden kann). Das klingt nach einem umständlichen Vorgang, aber mit mehr Übung geschieht 'es sehr rasch – wie im Falle des Meisters, bei dem es zur zweiten Natur wird.

2) Spielen Sie nicht den ersten Zug, der Ihnen einfällt. Prüfen Sie zuerst nach, ob es sich um ein Übersehen handelt (wie zuvor erwähnt), und sehen Sie dann, ob er mit den allgemeinen Erfordernissen der Stellung übereinstimmt. Auch dies wird Ihnen mit mehr Praxis leichter fallen.

3) Halten Sie ein Auge scharf auf die Bauernstellung gerichtet. Es wird von größtem Nutzen für Sie sein und Ihnen Hinweise auf die verborgenen Möglichkeiten Ihrer Partie geben und Dinge anregen, die getan werden können oder müssen. Außerdem erhalten Sie Hinweise auf die Möglichkeiten, die Ihrem Gegenspieler zur Verfügung stehen.

4) Versuchen Sie so früh wie möglich einen Plan zu fassen – keinen grandiosen oder weitreichenden Plan, sondern einen, der gerade ausreicht, um die Richtung Ihres Spiels zu bestimmen. Wenn Sie versuchen, eine allgemeine Sicht auf die Lage zu haben, sich von Zug zu Zug den veränderten Umständen anzupassen, wird Ihr Spiel über die Maßen stärker werden.

Nimmt man diese vier Punkte für sich, wie sie hier stehen, mögen sie als nicht mehr als fruchtlose Plattheiten erscheinen. Aber der Autor wird im Buch auf ihnen immer und immer wieder herumhämmern, und der Lernende kann seine Entwicklung fördern, indem er beständig nach Möglichkeiten der Anwendung dieser Grundsätze sucht.

III

Ich glaube, dieses Buch ist das erste in der Geschichte der Schachliteratur, das ausschließlich aus Amateurpartien besteht, und eine Erläuterung ist daher am Platze. Viele Spieler haben mir oft ihr Leid geklagt, daß sie zwar das Nachspielen von Meisterpartien außerordentlich genießen, jedoch nicht finden, daß dabei ihre Spielstärke merklich verbessert wird. Ich glaube, das ist vollständig richtig, und der Grund dafür ist natürlich, daß die Meisterpartien voller verwickelter und tiefer Züge stecken; sie leben in einer so verdünnten Atmosphäre (vom Standpunkt des Amateurs aus), daß sie verhältnismäßig wenig von dem enthalten, was für den Amateur vom didaktischen und pädagogischen Standpunkt aus nützlich sein kann.

Das vorliegende Buch ist darum ein Unternehmen, dem aufstrebenden Amateur zu helfen, indem es ihm genau die Art von Partien vorlegt, wie er und sein vertrauter Kreis sie selbst spielen. In den Partien dieses Buches wird der Leser viele Fehler von genau der Sorte finden, die er und Spieler seines Kalibers wiederholt begangen haben. Es ist der Wunsch des Verfassers, dem Leser zu helfen, indem er fortwährend auf diese Fehler hinweist, ihre Natur erläutert und ihm zeigt, wie er diese Irrtümer vermeidet und sie ausnützt, wenn der Gegner sie begeht.

Auf diese Weise wird der Leser nicht nur seine Spielstärke erheblich verbessern, er wird auch in die Lage gebracht, die schönen Partien der großen Meister mit Vergnügen nachzuspielen und aus ihnen zu lernen.

Als weitere Unterstützung für den Lernenden sind die Partien, die den größten Teil des Buches ausmachen, ergänzt worden durch eine Anzahl von Diagrammstellungen aus der Spielpraxis, deren Studium ihm zusätzlich Übung in der Einschätzung rätselhafter Lagen auf dem Schachbrett verschaffen mögen.

Fred Reinfeld

Erklärung der Zeichen und der Notation

Die 32 Steine und ihre Symbole

	Weiß	Schwarz	In Notation
Je 1	♔	♚	K = König
Je 1	♕	♛	D = Dame
Je 2	♖ ♖	♜ ♜	T = Turm
Je 2	♗ ♗	♝ ♝	L = Läufer
Je 2	♘ ♘	♞ ♞	S = Springer
Je 8	♙	♟	Ohne Zeichen *(Nur bei Stellungsangabe wird B geschrieben)*

So werden die Züge notiert

Das Schachbrett wird so gelegt, daß das linke Eckfeld schwarz ist. Die Waagerechten („Reihen") tragen die Ziffern 1 bis 8, die Senkrechten („Linien") die Buchstaben a bis h, so daß jedes einzelne Feld durch eine Kombination von Buchstabe und Zahl unveränderlich bezeichnet ist. Die weißen Steine stehen auf der ersten und zweiten, die schwarzen auf der siebten und achten Reihe.

Dem Leser sei empfohlen, das benützte Schachbrett durchgehend wie hier gezeigt zu beschreiben, damit er sich ohne Zeitverlust zurechtfindet.

	a	b	c	d	e	f	g	h
8	a8	b8	c8	d8	e8	f8	g8	h8
7	a7	b7	c7	d7	e7	f7	g7	h7
6	a6	b6	c6	d6	e6	f6	g6	h6
5	a5	b5	c5	d5	e5	f5	g5	h5
4	a4	b4	c4	d4	e4	f4	g4	h4
3	a3	b3	c3	d3	e3	f3	g3	h3
2	a2	b2	c2	d2	e2	f2	g2	h2
1	a1	b1	c1	d1	e1	f1	g1	h1

Für das Aufschreiben der Züge benützt man entweder die „ausführliche" oder die „abgekürzte" Notation. Bei der ausführlichen gibt man das Feld an, auf dem die Figur steht, und dann das Feld, auf das sie zieht. Dazwischen steht ein Bindestrich. Bei der abgekürzten Methode werden Ausgangsfeld und Bindestrich weggelassen. Die Figur wird mit dem großen Anfangsbuchstaben, in manchen Veröffentlichungen auch mit einem Figurensymbol bezeichnet; auf das „B" (für Bauer) wird der Einfachheit halber verzichtet. Falls zwei gleiche Figuren auf das gleiche Feld ziehen können (bei Springer oder Turm), muß der ursprüngliche Standort (Angabe der Reihe oder der Linie) hinzugefügt werden. Wenn zum Beispiel zwei Springer auf c3 und d2 stehen und derjenige auf c3 zieht nach e4, lautet der Zug in ausführlicher Notation Sc3-e4, in abgekürzter Schreibweise S3e4.

Das Schlagen eines Steins wird in der ausführlichen Notation durch ein liegendes Kreuz anstelle eines Bindestrichs bezeichnet, bei der abgekürzten Schreibweise durch einen nachgestellten Doppelpunkt, zum Beispiel Ke1Xe2 beziehungsweise Ke2:.

Schlägt ein Bauer, genügt es in der Kurznotation, die Linie anzugeben, auf der er steht, und die Linie, auf die er hinüberwechselt. Der Doppelpunkt entfällt. Die Züge 1.e2-e4 d7-d5 2.e4Xd5 heißen in Kurzform 1.e4 d5 2.ed.

Die tatsächlich geschehenen Züge werden meistens in ausführlicher Schreibweise wiedergegeben, die Anmerkungen oder Analysen in der abgekürzten. Stehen drei Punkte hinter der Zugzahl (zum Beispiel 1. . . .), folgt ein Zug der schwarzen Partei; der weiße Zug ist also bereits geschehen.

-	zieht nach
X	schlägt
:	schlägt (Kurznotation)
†	Schach
††	Doppelschach
‡	matt
!	guter Zug
!!	sehr guter Zug
?	schwacher Zug
??	grober Fehlzug
0—0	kurze Rochade
0—0—0	lange Rochade
e.p.	en passant (Schlagen im Vorbeigehen)

Bei der Umwandlung eines Bauern in die Dame wird das Symbol der Figur, in die sich der Bauer verwandelt, hinter den letzten Zug des Bauern auf die Grundreihe gesetzt.

Die Lektionen

Lektion I

Dies ist offensichtlich ein Kampf zwischen zwei Fast-Anfängern. Beide Spieler lassen sich ziellos treiben, vernachlässigen ihre Entwicklung; kein Zug steht in einem logischen Zusammenhang zu dem vorangegangenen oder zur Zugfolge. Während man von diesen Spielern nicht verlangen kann, daß sie ein besseres Schach hervorbringen als ihre begrenzte Erfahrung und Wissen erwarten lassen, mag die Partie nichtsdestoweniger als abschreckendes Beispiel planlosen Spiels dienen. Manche von uns spielen so schlecht, *aber wir sind wahrscheinlich während einer Partie zu voreingenommen,* um zu erkennen, wie schlimm solche Züge sind. Daher gibt uns diese Partie das richtige Augenmaß und läßt uns verstehen, wie notwendig es ist, dem abzuhelfen.

Königsbauern-Eröffnung (unregelmäßig)

Weiß	Schwarz
1.e2-e4	e7-e6

a) Was würden Sie für die Absicht dieses Zuges halten, und warum wählt Schwarz ihn anstelle von 1....e5?

2.d2-d4	c7-c6

b) Was meinen Sie zu diesem Zug?

3.Sg1-f3	Sg8-f6

c) Schlagen Sie andere Züge vor.

d) Was sollte Weiß jetzt ziehen?

4.Lc1-g5	

e) Ist das das beste?

4....	h7-h6
5.Lg5-f4	

f) Ihre Meinung?

5....	Sb8-a6

g) Bemerken Sie etwas zu diesem Zug, was seine strategischen Folgen sind und wie sein spezieller Wert in dieser Stellung einzuschätzen ist?

6.Lf1-c4	

h) Die gleiche Frage wie die vorangegangene.

6....	d7-d5

i) Stellen Sie fest, was gegen 6.... Sf6Xe4 spricht.

7.Lc4-d3	

j) Ist das am besten?

7....	Sf6Xe4

k) Hätte Schwarz statt dessen 7.... Lf8-b4† spielen sollen?

8.0—0	Sa6-b4

l) Machen Sie eine Anmerkung.

9.Sf3-e5	a7-a5

m) Erklären Sie, warum dieser Zug nützlich ist und schlagen Sie eine brauchbare Alternative vor.

10.Dd1-g4	

Wie kann Schwarz den Druck auf seinen Bg7 abschütteln?

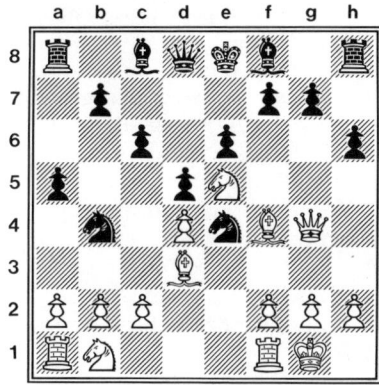

(Stellung nach 10.Dd1-g4)

10....   f7-f5??

n) Verliert sofort. Zeigen Sie, wie Schwarz den Angriff abzuwehren vermag.

11.Dg4-g6†   Ke8-e7
12.Dg6-f7†   Ke7-d6
13.Se5-c4 matt.

Lektion II

Hier ist eine weitere Partie, die beinahe so schlecht ist wie die vorangegangene. Diese Spieler sind vertrauter mit der Notwendigkeit der Entwicklung und machen sogar einige zögernde Schritte in dieser Richtung. Aber ihr Spiel ist noch immer beklagenswert fehlgeleitet.

Der ernsthafteste Fehler, den man in der folgenden Partie findet, ist das Versäumnis, Gelegenheiten beim Schopf zu packen. Man kann nicht oft genug darauf hinweisen, daß es die grundsätzliche Aufgabe des Spielers bei jedem einzelnen Zug ist, *sich zu vergewissern, ob irgend eine Einheit auf einer der beiden Seiten dem Schlagen ausgesetzt ist.* Die vorliegende Partie mit ihren zahllosen und ins Auge springenden versäumten Gelegenheiten sollte dem Leser nahelegen, wie notwendig es ist, diese Untersuchung zu einer automatischen, selbstverständlichen Spielhandlung zu machen.

Königsbauern-Eröffnung (unregelmäßig)

Weiß	Schwarz
1.e2-e4	e7-e5
2.d2-d3	

a) Was meinen Sie zu diesem Zug?

2....	Sb8-c6
3.Sb1-c3	Sg8-f6
4.Lc1-g5	

b) Was wäre der Grund zugunsten von f2-f4 an dieser Stelle?

4....	d7-d6
5.Sg1-f3	Lc8-g4
6.Sc3-d5	

c) Welchen Wert hat dieser Zug?

6....	Lf8-e7
7.Lf1-e2	

d) Ist dieser Zug ein Fehler? Welchen Grund haben Sie für Ihre Antwort?

7....	0—0

e) Was hätten Sie anstelle dieses Zuges gespielt?

8.0—0	

f) Bemerken Sie etwas zu diesem Zug in Verbindung mit dem beiderseitigen 7. Zug.

8....	h7-h6

g) Warum entscheidet sich Schwarz gegen 8. . . .Sd5:?

9.Dd1-d2

h) Was hätten Sie stattdessen gezogen?

9. . . .   Sc6-d4

i) Gibt es Besseres für Schwarz?

Welchen naheliegenden Zug haben beide Spieler übersehen?

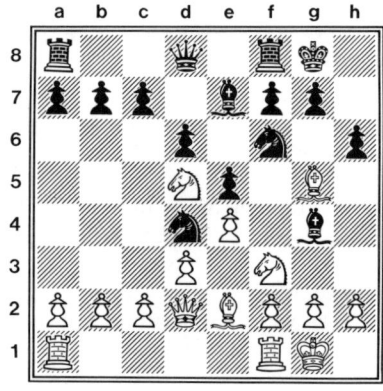

(Stellung nach 9. . . .Sd4)

10.h2-h3

j) Erläutern Sie.

10. . . .   Lg4Xf3

11.Le2Xf3

k) War 11.Sd5Xe7† vorzuziehen?

11. . . .   Sd4Xf3†

12.g2Xf3   h6Xg5

13.Kg1-g2

l) Sollte Weiß nicht 13.Dg5: ziehen, um wenigstens einen Bauern für die Figur zu erhalten?

13. . . .   c7-c6

m) Was spricht gegen die Deckung des Bg5?

14.Sd5-e3

n) Ähnlich, was spricht gegen das Schlagen des Bg5 nach Sd5Xe7†?

14. . . .   d6-d5

15.d3-d4

o) Wie kann man diesen Zug am besten beantworten?

15. . . .   e5Xd4

16.Dd2Xd4   c6-c5

p) Warum vermeidet Schwarz 16. . . . d5Xe4?

17.Dd4-d2

q) Warum war 17.Dd4-d3 vorzuziehen?

17. . . .   d5-d4

r) Was, glauben Sie, war der Grund, warum Schwarz nicht d5Xe4 gezogen hat?

18.Se3-g4   Sf6-h5

19.Tf1-h1   Dd8-d7

20.Ta1-e1   b7-b5

21.Sg4-e5   Sh5-f4†

s) Ist dieser Zug so stark wie er aussieht?

22.Kg2-g1.

t) Überlegen Sie andere Züge.

22. . . .   Dd7-d6

23.Se5-d3   c5-c4

24.e4-e5   Dd6-e6

25.Sd3Xf4   g5Xf4

26.Dd2Xf4   Ta8-d8

27.h3-h4   d4-d3

u) Was bezweckt dieser Zug?

28.c2-c3   b5-b4

29.Te1-e4.

v) Wie lautet der Einwand gegen diesen Zug in spezieller und in allgemein theoretischer Hinsicht?

29. . . .   d3-d2

30.Te4-d4   d2-d1D†
31.Kg1-g2?   Dd1Xd4.

Schwarz hat nun Turm und Läufer mehr. Nach 31 .... Td8Xd4 hätte er sogar Dame und Läufer mehr besessen...

32.c3Xd4   De6-g6†
33.Df4-g3   Td8Xd4
34.h4-h5   Dg6-f5
35.Th1-h4??   Td4Xh4.

Weiß gab auf.

Lektion III

Wir haben nun das Stadium erreicht, wo beide Spieler, wie ungleich auch immer ihre Fähigkeiten sein mögen, die Erfordernis der Entwicklung der Streitkräfte als richtig erkannt haben. Weiß hat zwar keinesfalls die Idee richtig verwirklicht, weil er gewöhnlich die Figuren zur falschen Zeit (7.Dd1-c2?) und oft auf die falschen Felder entwickelt (12.Lf1-b5). Andererseits zeigt uns Schwarz jedoch in sehr einfacher und eindrucksvoller Weise die Wirksamkeit zielbewußter Entwicklung.

Beachten Sie, wie befriedigend jeder Entwicklungszug des Schwarzen in dem Sinne ist, daß er nicht gezwungen ist später festzustellen, eine Figur hätte auf einem anderen Feld besser gestanden; achten Sie darauf, wie jede Figur früher oder später eine nützliche Aufgabe erfüllt; halten Sie fest, wie verhältnismäßig früh Schwarz in der Partie rochiert, und sein König stets sicher (hinter einer Phalanx von Bauern) aufgehoben ist; beach-

ten Sie, wie die fehlerhafte Entwicklung des Weißen schließlich zu strategischen Schwächen führt, während die makellose Entfaltung der schwarzen Steine nicht nur schwache Punkte vermeidet, sondern auch Angriffsmöglichkeiten vorbereitet. Dies sind einige der vielen nützlichen Beigaben überlegener Entwicklung.

Zwei weitere Merkmale dieser Partie, die sorgfältiges Studium verdient, sind: 1) die Theorie der schwachen Felder, für die der Zustand der weißen Felder beispielhaft ist, wie sie sich nach der Entfernung des weißen Königsläufers darbieten; 2) die Erfordernis, eine *gewonnene* (Anm. d. Übers.: die *auf Gewinn stehende*) Partie mit der makellosen Genauigkeit und der ganzen Hingebung zu beenden, die aufgewandt wurden, die Gewinnstellung aufzubauen!

Englische Eröffnung

Weiß	Schwarz
1.c2-c4	Sg8-f6
2.g2-g3	c7-c6
3.Sb1-c3	

Aus Gründen, die bald ersichtlich sind, ist dieser Zug in dem geplanten Flankensystem nicht am Platz. Der richtige Fortgang bestand in 3.Lf1-g2, und wenn 3 . . .d7-d5, so 4.b2-b3.

3 . . . .   d7-d5

a) Warum offenbart dieser Zug, daß der letzte weiße Zug fehlerhaft war?

4.c4Xd5.

b) Warum entscheidet sich Weiß gegen ein sofortiges 4.d2-d4, und warum hat der Textzug einen günstigen Einfluß auf die Entwicklung des Nachziehenden?

4. ...   c6Xd5
5. d2-d4   e7-e6

c) Wir haben schon gelernt, daß solche Züge vorsichtig anzuwenden sind, wenn sie dazu neigen, die Schräge eines Läufers zu sperren; warum verschiebt Schwarz dann nicht den Textzug zu Gunsten von 5 ... .Lc8-f5?

6. Sg1-f3   Dd8-b6
7. Dd1-c2

d) Warum wurde dieser Zug gemacht, und sehen Sie eine andere Fortsetzung, die vorzuziehen ist?

7. ...   Sb8-c6

e) Was ist der zweifache Zweck dieses Zuges?

8. e2-e3

f) Können Sie erkennen, warum dieser Zug schwächt? Beachten Sie bitte, daß in gewissem Grade der 7. Zug von Weiß daran schuld ist.

8. ...   Lf8-e7
9. Lc1-d2

g) Was wäre ein wirkungsvollerer Weg, die weiße Entwicklung fortzusetzen?

9. ...   Lc8-d7

h) Warum ist dieser Zug stärker als der entsprechende, eben von Weiß ausgeführte?

10. Ta1-c1   Ta8-c8

i) Wer hat die stärkere Stellung auf der c-Linie?

11. Sc3-a4   Db6-d8
12. Lf1-b5.

j) Scheinbar ein Versehen, denn wie soll Weiß nun auf 12 ... .Sc6Xd4

antworten? Abgesehen davon, was ist die strategische Folge dieses Zuges?

12. ...   0—0

k) Ist damit irgend eine Drohung verbunden?

13. Sa4-c5   Le7Xc5
14. d4Xc5.

l) Worin besteht der Nachteil dieses Zuges? Ist 14.Dc2Xc5 besser?

14. ...   a7-a6

m) Dies scheint ein Zeitverlust zu sein. Warum nicht sofort 14. ... .e6-e5?

15. Lb5-d3

n) Wie schätzen Sie die Alternativen 15.Lb5-e2 und 15.Lb5Xc6 ein?

15. ...   e6-e5

o) Drohung? In welchem Zusammenhang mit diesem Zug ist die vorangegangene Frage zu sehen?

16. Ld3-f5

p) Hätte er statt des Textzuges 16. Ld3-e2 spielen sollen?

16. ...   e5-e4
17. Lf5Xd7

q) Wäre 17.Sf3-d4 vorzuziehen gewesen?

17. ...   Sf6Xd7
18. Sf3-d4   Sd7-e5

r) Die drohende Stellung dieses Springers zeigt, daß das weiße Spiel in welcher Hinsicht fehlerhaft war? 19.Ke1-e2.

s) Wäre 19.0—0 besser gewesen? Die Tatsache, daß Weiß in einem so späten Stadium noch nicht rochiert hat, weist auf den Zeitverlust mehrerer seiner Züge hin. Welche seiner früheren Züge würden Sie als die am meisten Zeit kostenden einstufen, die nützlicher durch die Rochade hätten ersetzt werden können?

| 19.... | Dd8-f6 |

t) Was bezweckt dieser Zug?

20.f2-f4.

u) Wäre 20.Th1-f1 besser gewesen?

20....	e4Xf3† e.p.
21.Ke2-f1	Sc6Xd4
22.e3Xd4	Se5-c6
23.Dc2-d3	Sc6Xd4

v) Warum ist das etwas gewagt, verglichen mit Df6Xd4?

| 24.Ld2-c3 | Tc8Xc5 |

w) Eine Ungenauigkeit. Was war viel einfacher?

Wie kann Weiß Probleme stellen?

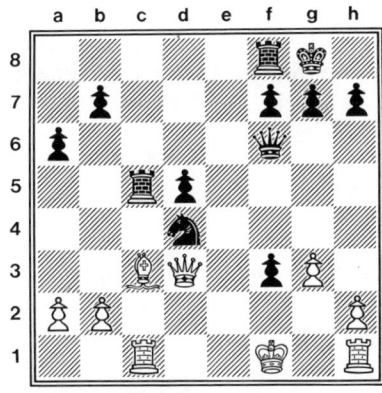

(Stellung nach 24.....Tc8Xc5)

25.Lc3Xd4

x) Ist das am besten?

| 25.... | Tc5Xc1† |
| 26.Kf1-f2 | Tc1-c2† |

y) Welcher Zug war genauer?

| 27.Dd3Xc2 | Df6Xd4† |
| 28.Kf2Xf3 | f7-f5 |

Der Turm sollte die offene e-Linie besetzen.

29.Th1-d1

z) Dies verkürzt den Widerstand des Weißen, weil...?

| 29.... | Dd4-e4† |
| 30.Dc2Xe4 | f5Xe4†. |

Weiß gab auf, denn gegen das materielle Übergewicht von Schwarz ist er hilflos.

Lektion IV

In dieser Partie nähern wir uns dem Punkt, wo Entwicklung im allgemeinen, aber nicht immer zielbewußt angestrebt wird. Ein wichtiges Merkmal ist die Betonung des Bauerngerüsts als Anzeige des künftigen Fortgangs der Partie. Die Bauernstruktur, wie sie sich aus der Eröffnung ergibt, sagt dem Meister, was er vorherzusehen, zu planen, wie er vorzugehen und ... was er zu vermeiden hat.

Wie wir sehen werden, nützt keiner der beiden Spieler seine Chancen voll aus, nachdem das kritische Stadium der Partie erreicht ist. Wir betonen diesen lebenswichtigen Punkt noch einmal mit Nachdruck: fühlen Sie den Sieg in Reichweite, dürfen Sie nicht nachlassen; im Gegenteil müssen Sie nach möglichst noch größerer Genauigkeit und Kraft der Züge streben als in der früheren Partiephase.

Italienische Partie

Weiß	Schwarz
1.e2-e4	e7-e5
2.Sg1-f3	Sb8-c6
3.Lf1-c4	Lf8-c5
4.Sb1-c3	Sg8-f6
5.d2-d3.	

a) Welche Art von Partie geht wahrscheinlich aus dieser Stellung hervor?

| 5.... | h7-h6 |

b) Warum macht Schwarz diesen Zug? Ist er notwendig?

| 6.0—0 | d7-d6 |
| 7.Sc3-d5 | |

c) Was denken Sie von diesem Zug, der, wenn Sie sich erinnern, auch in Partie 2 vorkam? Was war eine brauchbare Alternative?

| 7.... | Sf6Xd5 |
| 8.Lc4Xd5. | |

d) War 8.e4Xd5 vorzuziehen?

| 8.... | Lc8-e6 |
| 9.Ld5Xe6. | |

e) Welchen wichtigen Vorteil gibt dies dem Schwarzen? Welcher Zug wäre daher für Weiß günstiger?

| 9.... | f7xe6 |
| 10.b2-b3 | |

f) Warum ist dieser Zug überhaupt nicht am Platze?

| 10.... | 0—0 |
| 11.Lc1-b2 | Dd8-f6 |

g) Was ist die Absicht dieses Zuges, in der unmittelbaren Wirkung und in seiner Bedeutung auf lange Sicht?

| 12.Dd1-e2 | a7-a5 |

h) Können Sie erkennen, wie dieser Zug sich als nützlich herausstellen könnte, trotz der Tatsache, daß

Schwarz in der Partie davon keinen Gebrauch macht?

| 13.c2-c3 | |

i) Was strebt Weiß an, und warum ist der geplante Zug notwendig?

| 13.... | Kg8-h7 |

j) Was erreicht Schwarz damit? Gab es anderes?

| 14.De2-c2 | |

k) Geben Sie zwei Gründe an, warum dieser Zug nutzlos ist. Was war besser?

| 14.... | Df6-g6 |

l) Droht?

| 15.Sf3-h4 | Dg6-g5 |
| 16.g2-g3 | |

m) Wäre es nicht besser, 16.Sf3 zu spielen und die Schwächung der weißen Bauernstellung zu vermeiden?

| 16.... | Tf8-f4? |

n) Ein Fehler, wie wir sehen werden. Weisen Sie einen besseren Weg nach.

| 17.Lb2-c1 | Ta8-f8 |
| 18.Sh4-g2 | |

o) Was konnte man sonst spielen? Wäre es so gut wie der Textzug gewesen?

Kann Schwarz seinen vorgepreschten Turm retten?

(Siehe Diagramm Seite 27)

| 18.... | Tf4Xf2 |
| 19.Tf1Xf2. | |

p) Wie würde 19.Lc1Xg5 beantwortet werden?

| 19.... | Tf8Xf2 |
| 20.d3-d4 | |

q) Wie würde das Spiel nach 20. Lc1Xg5 weitergehen?

| 20.... | Tf2Xc2 |

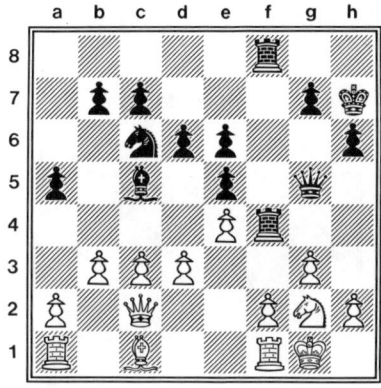

(Stellung nach 18.Sh4-g2)

| 21.Lc1Xg5 | e5Xd4 |
| 22.c3Xd4 | |

r) Das verliert schnell; hätte aber 22. Lg5-c1 oder 22.Sg2-e1 befriedigende Verteidigung geboten?

| 22.... | Sc6Xd4 |

s) Mit der furchtbaren Drohung des Abzugsschachs Sd4Xb3† oder Sd4-f3†. Gleichwohl ist der geschehene Zug nicht der genaueste, weil ...?

23.Lg5-d8?

t) Verfehlt die beste Verteidigung, die worin bestand?

23....	Sd4-c6†
24.Kg1-f1	Tc2-f2†
25.Kf1-e1	Tf2Xg2.

Weiß gab auf.

Lektion V

Während die künftige Richtung des vorangegangenen Spiels vom Läufertausch im 9. Zug bestimmt wurde, wird der grundsätzliche Abriß der vorliegenden Partie bereits mit dem *zweiten* Zug von Schwarz angezeigt. Unglücklicherweise übersehen beide Spieler die wertvollen Fingerzeige, die dieser Zug gibt, mit dem Ergebnis, daß keiner der beiden Spieler die Strategie verfolgt, die seine Stellung erfordert.

Später jedoch wird dieses rein strategische Motiv mit einer taktischen Schwäche im Lager des Weißen verflochten. Als der Anziehende versäumt, diese Schwäche zu beseitigen, besteht das erste Ergebnis darin, daß Schwarz sein *strategisches Ziel* erreicht, indem er die taktische Schwäche des Weißen ausnützt. Als Weiß daraufhin noch immer nicht die Schwäche in seinem Spiel abschüttelt, wird sie infolgedessen auf *taktische* Art ausgebeutet. Eine sehr lehrreiche Partie.

Abgelehntes Damengambit

Weiß	Schwarz
1.Sg1-f3	d7-d5
2.c2-c4	e7-e6
3.d2-d4	Sg8-f6

a) Die Erfahrung vieler Jahre mit dieser Variante hat gezeigt, daß Schwarz mit ihr eine befriedigende Stellung erlangt. Gleichwohl zieht der zweite Zug des Schwarzen unmittelbar unsere Aufmerksamkeit auf welches lebenswichtige strategische Problem?

4.Lc1-g5	Lf8-e7
5.Sb1-c3	Sb8-d7
6.e2-e3	c7-c6
8.Dd1-c2	0—0

27

8.Lf1-d3   d5xc4
9.Ld3Xc4   Tf8-e8

b) Weiß hat offensichtlich die freiere Stellung. Worin muß die Politik des Schwarzen bestehen? Würde sie zur Lösung des in der vorigen Anmerkung erwähnten Problems auf welche Weise führen?

10.0—0   Dd8-c7

c) Konnte Schwarz sich noch immer mit ... befreien?

11.Ta1-c1   Sd7-f8

d) Das ist schwächer wegen ...? Schwarz sollte daher spielen...?

12.Sc3-e4

e) Und das ist die falsche Strategie, weil...? Weiß sollte daher spielen...?

12. ...   Sf6Xe4
13.Lg5Xe7   Dc7Xe7
14.Dc2Xe4   Lc8-d7

f) Die Folge des 12. Zuges von Weiß war...? Trotzdem ist Schwarz mit welcher Sorge beladen?

15.Tf1-d1   Ta8-d8
16.a2-a3   Ld7-c8
17.Lc4-a2   Kg8-h8
18.De4-f4.

g) Was war der Zweck der letzten Züge auf beiden Seiten?

18. ...   Sf8-g6
19.Df4-g3   f7-f6

h) Das Ziel der Strategie des Schwarzen ist, sich zu befreien entweder mit c6-c5 oder mit e6-e5. War einer der beiden Züge soeben möglich?

20.La2-b1   Sg6-f8
21.Tc1-c5.

i) Was halten Sie von diesem Zug?

j) Glauben Sie, daß Weiß 21.h3 gespielt haben sollte? Hätte Schwarz

21.h3 mit e6-e5 oder c6-c5 beantworten können?

Wie sollte Schwarz fortsetzen?

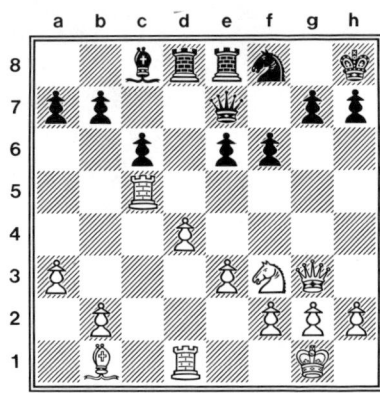

(Stellung nach 21.Tc1-c5)

21. ...   e6-e5

k) Das sieht sicherlich logisch aus; aber ist es am besten?

22.Td1-c1

l) Worin sollten hier die wichtigsten Überlegungen für Weiß bestehen?

m) Was haben Weiß und Schwarz im Hinblick auf den strategischen Hauptgedanken des Schwarzen erreicht?

n) Was halten Sie von dem Manöver De4-f4-g3. War es vorteilhaft für Weiß?

22. ...   e5Xd4
23.Sf3Xd4.

o) Womit wird 23.e3Xd4 beantwortet?

23. ...   Td8Xd4!

28

p) Darf dieser Turm geschlagen werden? Überdenken Sie die letzten Fragen im Licht der Antwort auf diese Frage.

24.Dg3-f3

Ein letzter Fehler, aber die Partie war schon verloren.

24. ...   Lc8-g4.

Weiß gab auf.

q) Warum gab Weiß auf, wo er doch nach 25. Df3-g3 Td4-a4 26.b2-b3 die Figur zurückgewänne?

Lektion VI

Diese Partie weist mit unerbittlicher Logik auf die zwei Hauptpunkte hin, auf die wir uns bisher konzentriert haben: die Erfordernis wohlerwogener Entwicklung und die Bedeutung des Bauerngerüsts – insbesondere einer Bauernstellung, die eine nicht wieder gutzumachende Schwäche enthält. Die Art, in der diese beiden Elemente miteinander verbunden sind, und die Weise, wie sie schließlich zu einem hübsch ausgeführten Mattangriff führen, geben ein Beispiel für die berühmte Bemerkung Laskers, daß die Kombinationen, wenn man positionell gut spielt, von selbst kommen.

Skandinavisch

Weiß	Schwarz
1.e2-e4	d7-d5
2.e4Xd5	Sg8-f6

a) Was, glauben Sie, ist das Motiv des Schwarzen, das normale 2. . . .

Dd8Xd5 zugunsten des Textzuges zu verwerfen?

3.c2-c4

b) Er möchte offenbar den Bauern festhalten. Untersuchen Sie, wie sich 3.Lf1-b5† und 3.d2-d4 auswirken.

3. . . .   c7-c6

4.d5Xc6

Weiß hätte auch den Bauern mit 4.d2-d4 c6Xd5 5.Sb1-c3 zurückgeben können, und das war zweifellos der beste, nun verfügbare Weg.

4. . . .   Sb8Xc6

5.Sg1-f3   e7-e5

c) Welche Art von Gegenwert hat Schwarz für den geopferten Bauern?

6.d2-d3   Lf8-c5

7.Lc1-e3   Dd8-b6

d) Wäre 7. . . .Lc5Xe3 8.f2Xe3 Dd8-b6 stärker gewesen?

8.Le3Xc5   Db6Xc5

9.Sb1-c3   Lc8-f5

e) Aus welchem Grunde macht Schwarz diesen Zug?

10.Lf1-e2   Ta8-d8

f) Wenn Sie diese Stellung betrachten: sind Sie zufrieden mit Ihrer Antwort auf die Frage nach dem 5. Zug von Schwarz?

11.0—0   e5-e4

12.Sf3-e1

g) Hätte Weiß besser getan, 12.d3-d4 zu spielen?

12. . . .   0—0

h) Warum nicht 12. . . .e4Xd3 13. Le2Xd3 Sc6-b4, die logische Folgerung aus dem Spiel in der d-Linie?

13.Dd1-b1

i) Auf diese Weise schüttelt Weiß die Fesselung auf der d-Linie ab. In welche neue Schwierigkeit gerät er?

13. ...   e4Xd3
14.Le2Xd3.
14.Le2-f3 Dc5Xc4 ist ebenfalls sehr
günstig für Schwarz.
14. ...   Td8Xd3!
15.Se1Xd3   Dc5Xc4
j) Wie würde das Spiel nun nach 16.
Sd3-e5 weitergehen?

*Kann Weiß sich aus der Fesselung
lösen?*

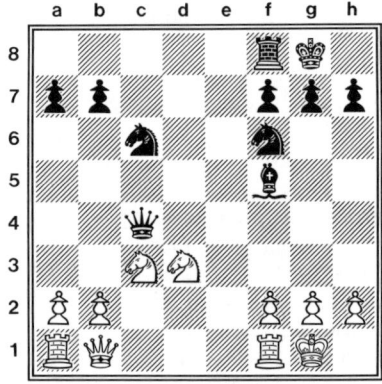

(Stellung nach 15. . . .Dc5Xc4)

16.Tf1-d1   Sc6-b4
17.Sd3-e5   Dc4-f4
Alles sehr kraftvoll von Schwarz vor-
getragen.
18.Se5-d3.
k) Weil das zu zwangsläufigem Verlust führt, wäre es verhältnismäßig
besser gewesen, zu spielen . . .?
18. ...   Sb4Xd3
10.Td1Xd3   Sf6-g4
20.h2-h3
l) Das führt zum Matt. Wäre 20.
Td3-f3 besser gewesen?

20. ...   Df4-h2†
21.Kg1-f1   Tf8-e8
22.Sc3-e2.
Nur mit 22.Td3-e3 war das Matt
unter furchtbarem Materialverlust
zu vermeiden.
22. ...   Dh2-h1†
23.Se2-g1   Sg4-h2 matt.
Das gefällige Ende einer sehr gut ge-
spielten Partie.

Lektion VII

Die von den Spielern dieser Partie
angewandten Entwicklungssysteme
haben zwar ihre Ungereimtheiten
und Mängel, dennoch ist der Fortgang sehr lehrreich, weil das Spiel im
mittleren Teil der Partie im logischen
Zusammenhang mit dem gewählten
Aufbau steht. Im Falle des Weißen
wird mit Macht ein Angriff durchge-
führt, dessen Erfolg von einem
Bauern abhängt, den Schwarz frühzeitig – und unnötig! – als Zielschei-
be dargeboten hat. Was den Nachziehenden angeht, so richtet er seine
Anstrengungen auf einen Gegenangriff gegen den weißen König, der im
Zentrum gefährdet steht.
Schwarz sollte eigentlich die besseren Aussichten haben wegen seines
lebenswichtigen Vorteils, in der Lage zu sein, seinen Königsturm *gleichzeitig für Angriff und Verteidigung* zu
verwenden. Weil er die Bedeutung
dieser kombinierten Funktion nicht
erkennt, läßt seine Aufmerksamkeit
bei einem einzigen Zug nach, ver-
nachlässigt er die Verteidigung, um

sich ausschließlich dem Angriff zu widmen – und diese fehlerhafte Politik kostet ihn sofort die Partie.

Weil solche Partien so aufregend verlaufen, besteht die Gefahr, daß wir in der Hitze des Kampfes die Übersicht verlieren; die Urteilskraft, die den Angriff kühl und entschieden aufgebaut hat, wird im kritischsten Augenblick gewaltsam beeinflußt, nämlich dann, wenn sie am dringendsten gebraucht wird.

Sizilianisch

Weiß:	Schwarz
1.e2-e4	c7-c5
2.Sg1-f3	e7-e6
3.d2-d4	c5xd4
4.Sf3Xd4	Sg8-f6
5.Lf1-d3.	

Das ist zu flott und ermöglicht Schwarz, sich rasch zu entwickeln.

| 5.... | Sb8-c6 |
| 6.Lc1-e3 | |

a) Welches ist die einfachste Methode, 6.Sd4Xc6 zu beantworten?

| 6.... | d7-d5 |
| 7.Sd4Xc6 | |

b) Auf 7.e4Xd5 wäre es der beste Weg für Schwarz, mit 7....Sc6Xd4 8.Le3Xd4 Dd8Xd5 einen Bauern zu erobern?

| 7.... | b7Xc6 |
| 8.Sb1-d2 | |

c) 8.e5 sieht aktiver aus. Wie würde Schwarz fortsetzen?

| 8.... | h7-h6 |

d) Was ist der Zweck dieses Zuges, warum ist er nötig und was sind seine möglichen Auswirkungen?

e) Was würden Sie als beste Alternative vorschlagen?

9.f2-f4

f) Sehen Sie die Verbindung zwischen diesem Zug und der vorangegangenen Frage?

| 9.... | Lf8-b4 |

g) Warum entschließt sich Schwarz zu dieser zeitverschwenderischen Fortsetzung, und welche ökonomischere Entwicklung des Läufers würden Sie wählen?

10.c2-c3	Lb4-a5
11.e4-e5	Sf6-d7
12.Dd1-f3	0—0
13.g2-g4	

h) Welche Absicht ist mit diesem Zug verbunden, und wie lautete der schwarze Zug, der dazu herausfordert?

| 13.... | La5-b6 |

i) Geben Sie zwei Gründe an, warum der geplante · Tausch günstig für Schwarz ist.

14.Sd2-f1

j) Was geschieht, wenn der g-Bauer sofort vormarschiert?

| 14.... | f7-f6 |

k) Halten Sie das für einen guten Zug, und warum?

15.g4-g5

l) Wie würden Sie die Stellung nach 15.e5Xf6 Tf8Xf6 einschätzen?

| 15.... | f6Xg5 |
| 16.Df3-h5 | Tf8-f7 |

m) Welcher Weg wäre einfacher, um dem Angriff entgegenzutreten?

17.Th1-g1

n) Ist 17.Dh5-g6 oder 17.f4Xg5 stärker?

| 17.... | Lb6Xe3 |

18.Sf1Xe3   Tf8Xf4
19.Se3-g4   Dd8-b6
Das sieht sehr gewagt aus; aber es ist spielbar.
20.Sg4Xh6†

Darf Schwarz den Springer gefahrlos nehmen?

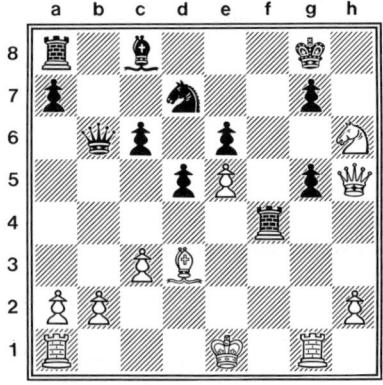

(Stellung nach 20.Sg4Xh6†)

20. . . .   Kg8-f8
o) Wie lauten die Folgen von 20 . . . . g7Xh6?
21.Dh5Xg5   Db6-e3†
22.Ld3-e2   Lc8-a6
Die Stellung beider Könige ist unsicher! Mit dem Läuferzug ist das drohende Matt der Dame auf d8 vom Turm geschützt. Schwarz droht nun selbst matt.
23.Dg5Xg7†   Kf8-e8
24.Tg1-g2   Tf4-e4
p) Das stärkt scheinbar den Angriff entscheidend; in Wirklichkeit aber

wird der Angriff entscheidend *geschwächt.* Welches war der richtige Zug?
25.Dg7-g8†   Sd7-f8
26.Dg8-f7†
q) Beim Betrachten dieses kraftvollen Zuges: wie würden Sie den 24. Zug von Schwarz bezeichnen?
26. . . .   Ke8-d8
27.Df7Xf8†   Kd8-c7
28.Df8Xa8   De3Xh6
r) Sehr stark sieht 28 . . . .La6Xe2 aus. Kann Weiß sich danach retten?
29. Da8Xa7† La6-b7
30.a2-a4
Schwarz gab auf.

Lektion VIII

Die mühsame und wirkungslose Entwicklung des Weißen macht es ihm schließlich unmöglich, sich gegen die wirkungsvoll postierten Figuren des Gegners zur Wehr zu setzen.

Der Hauptfaktor der verfehlten Figurenentwicklung von Weiß ist darin zu sehen, daß er die elementare Vorsichtsmaßnahme der Rochade außer Acht gelassen hat. Er hat ausgiebig Ursache, seine Nachlässigkeit zu bedauern, sobald das Mittelspiel angebrochen ist.

Einmal mehr sehen wir die Macht, die die Bauernstellung ausübt, um den Gang der Partie zu beeinflussen. Beachten Sie, wie sich der dynamische Vorstoß d5-d4! in der gewaltsamen Veränderung des Bauerngerüsts spiegelt, die sich danach ereignet.

Spanische Partie

Weiß	Schwarz
1.e2-e4	e7-e5
2.Sg1-f3	Sb8-c6
3.Lf1-b5	a7-a6
4.Lb5-a4	Sg8-f6
5.d2-d3	

a) Warum ist das unangemessen vorsichtig, und warum ist 5.0—0 unternehmungslustiger?

| 5.... | d7-d6 |
| 6.c2-c3 | |

b) Was folgern Sie hinsichtlich der künftigen Beweglichkeit des weißen Damenspringers?

| 6.... | g7-g6 |

c) Erläutern Sie, warum die Flankenentwicklung des Läufers besser ist als die nach e7.

d) Erkennen Sie, wie der letzte Zug von Schwarz die Entwicklung des weißen Damenspringers beeinflußt?

| 7.h2-h3 | |

e) Was ist der Zweck dieses Zuges?

7....	Lf8-g7
8.Lc1-g5	h7-h6
9.Lg5-e3	Lc8-d7
10.Sb1-d2	Dd8-e7

f) Mit welcher Absicht gespielt?

| 11.La4-c2 | |

g) Was ist der Zweck dieses Zuges?

| 11.... | d6-d5! |

h) Gerade rechtzeitig, weil ...?

| 12.b2-b4 | |

i) Was hätte Weiß, aus dem was folgt zu schließen, spielen sollen?

Schwarz erwidert kraftvoll auf b2-b4

(Diagramm rechte Spalte)

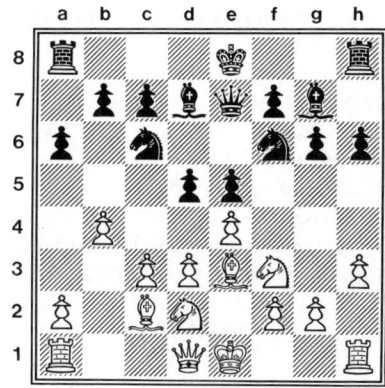

(Stellung nach 12.b2-b4)

| 12.... | d5-d4! |

Eine große Überraschung für Weiß!

13.c3Xd4	e5Xd4
14.Sf3Xd4	Sc6Xd4
15.Le3Xd4	Sf6Xe4!
16.d3Xe4.	

j) Wäre 16.Ld4Xg7 stärker gewesen?

k) Auf welchen Fehler des Weißen in seiner vorangegangenen Politik weist der letzte Zug des Schwarzen?

16....	Lg7Xd4
17.Ta1-b1	Ld4-c3
18.Lc2-d3	

l) Was fürchtete Weiß?

m) Hätte Weiß rochieren sollen?

| 18.... | De7-g5! |
| 19.g2-g3 | Ta8-d8 |

n) Welchen Sinn hat dieser Zug?

o) Wäre die lange Rochade besser gewesen?

| 20.Dd1-c2 | Dg5-f6! |
| 21.Tb1-b3 | |

p) Was ist die stärkste Fortsetzung

von Schwarz nach 21.f2-f4 oder
21.Ke1-e2?

21. ...   Lc3-d4

q) Mit einer entscheidenden Doppeldrohung, denn auf 22.Tb3-b1
(um die Qualität zu retten) folgt ...?

22.Sd2-c4   Ld7-a4
23.e4-e5

So gut oder so schlecht wie alles
andere in dieser verlorenen Stellung.

23. ...   La4Xb3
24.e5Xf6   Lb3Xc2
25.Ld3Xc2   Ld4Xf6
26.0—0

Etwa fünfzehn Züge zu spät!

26. ...   0—0
27.Sc4-a5   b7-b6
28.Sa5-c6

r) Worin bestehen die möglichen
Nachteile eines solchen Springerzuges im allgemeinen und in diesem
besonderen Fall?

28. ...   Td8-d2
29.Lc2-b3   Tf8-e8
30.Tf1-d1?

s) Geben Sie einige der Möglichkeiten an, wie Weiß seinen Widerstand
verlängern und Schwarz in jedem
dieser Fälle fortsetzen konnte.

30. ...   Td2Xd1†
31.Lb3Xd1   Te8-e1†

Weiß gab auf. Eine von Schwarz
außerordentlich gut gespielte Partie.

Lektion IX

Wiederum ist die Bauernstellung
ausschlaggebend. Man kann ohne
Übertreibung sagen, daß sein 11.

Zug den Weißen endgültig in Unge-
legenheiten bringt, aus denen es keine Rettung mehr gibt. Vor diesem
unüberlegten Zug ist seine Stellung
aussichtsreich oder jedenfalls spielbar; nach der Schwächung der
Bauernstellung befindet er sich nur
noch in der Verteidigung.

Das ist noch nicht alles; weil Bauernschwächen organisch, also unbeheb-
bar sind, sind sie auch im allgemeinen bis zum Ende der Partie vorhanden. Das wird im folgenden Spiel
sehr deutlich herausgestellt. Die
weiße Partei leidet darunter, daß es
keine Möglichkeit gibt, den Fortgang der Handlung zu bestimmen.

Indische Verteidigung

Weiß	Schwarz
1.d2-d4	Sg8-f6
2.c2-c4	e7-e6
3.Sb1-c3	Lf8-b4

a) Welche Hinweise gibt Ihnen dieser Zug über die künftigen Absichten des Schwarzen in der Mitte des
Brettes?

4.a2-a3

b) Was ist der Zweck dieses Zuges;
sehen Sie irgendwelche Nachteile in
ihm?

4. ...   Lb4Xc3†
5.b2Xc3   c7-c5

c) Was beabsichtigt dieser Zug?

d) Ist auf 5. ...Se4 die Antwort 6.Sf3
brauchbar?

6.f2-f3

e) Absicht?

f) Wie würden Sie 6.Lg5 beantworten?

6. ...   d7-d5
7.c4Xd5   Sf6Xd5

g) Sollte das mit 8.c3-c4 oder 8.e2-e4 beantwortet werden?

8.Dd1-c2

Auf 8.Lc1-d2? c5Xd4 9.c3Xd4 Dd8-h4† ginge der d-Bauer verloren. Weiß sollte jedoch 8.d4Xc5 spielen und damit 9.e2-e4 vorbereiten.

8. ...   Sb8-c6

h) Kann Schwarz stattdessen 8. ... c5Xd4 9.c3Xd4 Dd8-h4† 10.g2-g3 Dh4Xd4 ziehen und einen Bauern erobern?

8. ...   Sb8-c6

Schwarz sollte den Bauerntausch auf d4 einschalten. Weiß hätte dann auf e2-e4 überhaupt verzichten müssen, um seinen d-Bauern nicht einzubüßen.

9.e2-e4   Sd5-f6

Die weiße Mitte erfordert sorgfältigen Schutz

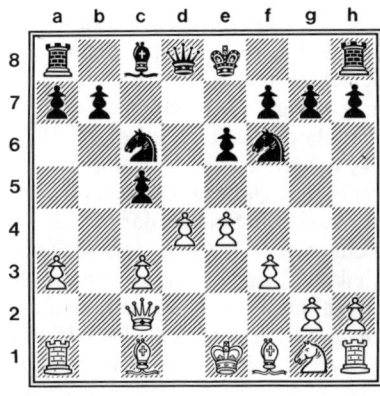

(Stellung nach 9. ... Sd5-f6)

10.Lf1-b5

i) Bemerken Sie etwas zu den Abzweigungen 10.d4Xc5 und 10.e4-e5.

10. ...   Lc8-d7

j) Kann Schwarz mit 10. ... c5Xd4 und so fort auf Bauerngewinn ausgehen?

11.d4Xc5

k) Was denken Sie über diesen Zug? Hätte er stattdessen 11.Sg1-e2 ziehen sollen?

11. ...   Dd8-a5
12.Lb5Xc6   Ld7Xc6
13.Lc1-e3   Ta8-d8
14.Sg1-e2

l) Wäre es nicht vorzuziehen, 14. Dc2-b2 zu spielen, um 14. ... Sf6-d7 mit 15.Db2-b4 beantworten zu können?

14. ...   Sf6-d7
15.0—0   Sd7Xc5

m) Was können Sie über die Auswirkungen des 11. weißen Zugs schlußfolgern?

16.Se2-d4   Lc6-a4
17.Dc2-b2   b7-b6
18.Db2-b4   Da5-a6

n) Glauben Sie, daß die Dame hier gut steht? Was sollte Weiß antworten?

19.Le3-g5

o) Welchen Zweck hat dieser Zug?

19. ...   Td8-d7
20.Ta1-a2

p) Sieht eigenartig aus. Welche Entwicklungsweise der Türme würden Sie vorschlagen?

20. ...   0—0
21.Ta2-d2   h7-h6
22.Lg5-e3   Sc5-d3
23.Db4-b1   Sd3-e5

35

q) Wiederum: was haben die Züge 11 und 12 von Weiß bewirkt?

24.Td2-f2   Tf8-c8

Die weiße Stellung enthält ernsthafte Schwächen

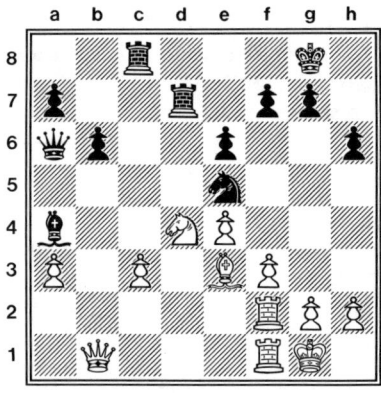

(Stellung nach 24. . . .Tf8-c8)

25.Db1-a1.

r) Erneut: Welche Folgerungen können Sie über die Auswirkungen des 11. und 12. Zuges von Weiß ziehen? Der Textzug stellt die Dame auf ein unerwünschtes Feld; würden Sie darum einen der folgenden Züge empfehlen: Tf1-c1, Db1-c1, Db1-e1, Sd4-e2 oder Le3-d2?

25. . . .   Da6-d3
26.Le3-f4   Se5-c4

s) Droht welchen Zug?

27.Lf4-c1   Sc4-e3
28.Lc1Xe3

t) Wie würden Sie 28.Tf1-e1 beantworten?

28. . . .   Dd3Xe3
29.Tf1-c1.

u) Falls 29.Sd4-e2, wie setzt Schwarz dann fort?

v) Wie entscheidet Schwarz die Partie nach dem Textzug?

Lektion X

Der lehrreichste Gesichtspunkt dieser ziemlich schwierigen Partie ist in der Art zu sehen, in der Weiß das Problem des vorgerückten f-Bauern handhabt. Im Besitz eines eigentlich entscheidenden materiellen Vorteils unterschätzt Weiß zu seinem Nachteil die Stärke der einzigen schwarzen Gegendrohung erheblich. Was daraus hervorgeht, ist ein schlagendes Beispiel für die Grundregel, *immer den allerbesten Zug zu suchen.*

Was den früheren Teil der Partie angeht, so ist es kurios zu sehen, wie jeder der beiden Spieler einen ausgezeichneten strategischen Plan einleitet und dann unvernünftigerweise davon abgeht. Die Moral der Geschichte ist natürlich darin zu sehen, daß solcher Wankelmut nur das Schicksal herausfordert; der Gegner mag einige Gegenchancen verpassen, aber es ist eine miserable Politik, sich auf solche Versäumnisse zu verlassen. Der Mangel liegt im Falle der meisten Spieler darin, daß sie nicht in der Lage sind, ,,am Mann zu bleiben", weniger der Wunsch, die angenommenen Unsicherheiten des Gegners auszunützen; die Wirkung ist in beiden Fällen die gleiche, ebenso das Heilmittel: *strebe danach, jedes Mal den besten Zug zu finden.*

Englisch

Weiß	Schwarz
1.c2-c4	e7-e5
2.Sb1-c3	Sg8-f6
3.g2-g3	

a) Die weißen Züge richten sich soweit alle auf eine grundsätzliche Strategie. Welche ist es?

| 3.... | Sb8-c6 |

b) Wie lauten die „Pros und Kontras" von 3.... d7-d5?

| 4.Lf1-g2 | Lf8-e7 |

c) Welche Gründe sprechen für Lf8-b4?

| 5.Sg1-f3 | 0—0 |
| 6.0—0 | d7-d6 |

d) Erläutern Sie diesen Zug und überdenken Sie dabei erneut Ihre Antworten auf die beiden letzten Fragen.

| 7.d2-d3 | |

e) Erklären Sie, warum d2-d4 vorzuziehen wäre.

| 7.... | Lc8-d7 |
| 8.b2-b3 | |

f) Wenn Sie dem nächsten schwarzen Zug einen Wink entnehmen: was hätten Sie anstelle des Textzuges gespielt?

| 8.... | Dd8-c8 |
| 9.Lc1-g5 | |

g) Ihre Einwände gegen diesen Zug? Erkennen Sie, warum Weiß ihn gemacht hat?

| 9.... | Ld7-h3 |
| 10.Lg2Xh3 | |

h) Warum hat Weiß getauscht?

10....	Dc8Xh3
11.Lg5Xf6	Le7Xf6
12.Sc3-d5	Lf6-d8

i) Wie soll sich Schwarz aus dieser ziemlich beengten Stellung befreien?

| 13.Dd1-d2 | |

Zielbewußter war 13.Sf3-d2, zum Beispiel 13....f7-f5 14.e2-e3, eventuell gefolgt von Dd1-f3 und Df3-g2.

13....	Sc6-e7
14.Sd5Xe7†	Ld8Xe7
15.d3-d4	e5-e4
16.Sf3-g5.	

j) Wie würde Schwarz auf 16.Sf3-e1 fortsetzen?

Der Springer gerät in Bedrängnis!

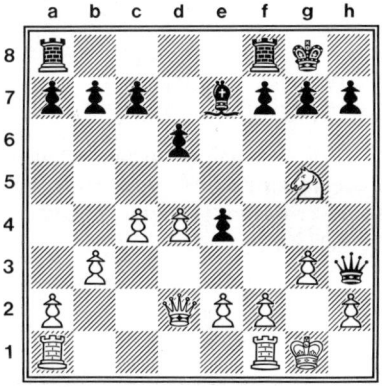

(Stellung nach 16.Sf3-g5)

| 16.... | Dh3-g4 |

k) Erläutern Sie.

| 17.f2-f4 | |

l) Ist 17.h2-h4 besser?

| 17.... | f7-f5 |

m) Ist das stärker als 17....e4Xf3 e.p.?

18.Sg5-e6	Tf8-c8
19.d4-d5	Le7-f6
20.Ta1-c1	

n) Wer hat das bessere Spiel? Welches Vorgehen ist für Weiß angezeigt?

20. ...	h7-h5

o) Welchem Plan folgt Schwarz, und worauf stützt er sich sich?

21.e2-e3

p) Eine stärkere Spielweise bestand in ...?

21. ...	h5-h4
22.Kg1-h1

q) Dieses spekulative Bauernopfer sollte sich nicht bewähren. Was kann Weiß spielen, um ohne irgend ein Materialopfer eine gute Partie zu erlangen?

22. ...	h4Xg3
23.Tf1-g1	Dg4-f3†
24.Tg1-g2	g3Xh2

r) Hiernach jedoch erhält Schwarz bald ein sehr schwieriges Spiel. Was sollte er darum gezogen haben?

25.Kh1Xh2	Kg8-f7

s) Die beste Fortsetzung für Schwarz war?

26.Tg2Xg7†	Lf6Xg7

t) Geben Sie die besten Züge für beide Seiten nach 26. ...Kf7-e8 an.

27.Se6-g5†	Kf7-e7
28.Sg5Xf3	e4Xf3
29.Tc1-h1

u) Was wären Ihrer Meinung nach die Folgen von 29.Tc1-g1, 29.Dd2-f2 und 29.Tc1-f1?

29. ...	Tc8-g8
30.Dd2-f2

v) Und an dieser Stelle geben Sie bitte die Folgen von 30.Th1-f1, 30.Dd2-d3 oder 30.Th1-g1 an.

30. ...	Lg7-f6
31.Df2Xf3

w) Wie fährt Schwarz auf 31.Th1-g1 fort?

31. ...	Tg8-g6!

Weiß gab auf. Er muß die Dame mit 32.Df3-h5 oder h3 hergeben. Ein merkwürdiger Schluß.

Antworten zu den Lektionen

Lektion I

a) Der Zweck von 1....e7-e6 besteht darin, das weiße Zentrum nach 2.d2-d4 mit d7-d5 zu bekämpfen. Die so erreichte Stellung ist, obwohl sie Schwarz in einer ziemlich passiven Lage zu lassen scheint, gleichwohl aggressiv im Hinblick auf den „Angriff" auf den weißen e-Bauern. Weiß kann sich für 3.e4-e5 entschließen, in welchem Falle Schwarz sofort mit 3....c7-c5 zum Gegenangriff käme; oder Weiß kann das lästige Problem mit 3.e4Xd5 los werden, worauf Schwarz mit 3....e6Xd5 antwortet mit symmetrischer Bauernstellung und gleichem Spiel. Weiß kann den Entschluß auch noch verschieben und 3.Sb1-c3 spielen, und in diesem Fall kann Schwarz seinen Angriff mit 3....Sg8-f6 oder gar 3....Lf8-b4 erneuern.

Schwarz wählt 1....e7-e6 statt 1....e7-e5 aus zwei möglichen Gründen: 1) wenn er 1....e7-e5 antwortet, hat Weiß die Wahl zwischen einer Reihe aggressiver Eröffnungen (Königsgambit, Evans Gambit und dergleichen), die den Schwarzen in eine defensive Stellung drängen, die die meisten Spieler als belastend und unangenehm empfinden würden, oder er wählt bestimmte andere Eröffnungen (wie das „ruhige Spiel" in der Italienischen Partie: 2.Sg1-f3 Sb8-c6 3.Lf1-c4 Lf8-c5 4.d2-d3), die wenig Raum für eine Initiative oder lebhaftes Spiel gewähren. 2) Indem er 1....e7-e5 spielt, offenbart Schwarz, daß er bereit ist, eine „offene Partie" zu spielen, das heißt eine, in der die Berührung der gegnerischen Kräfte nach den Bauernzügen d2-d4 oder f2-f4 frühzeitig und gewaltsam erfolgen kann. Wenn er jedoch 1.... e7-e6 spielt, strebt er nach einer „geschlossenen Partie", also eine, in der die Berührung der Streitkräfte sich viel langsamer entwickeln wird.

b) 2....c7-c6? ist aus einer ganzen Anzahl von Gründen schlecht.

Welche Zukunft hat der schwarze Damenläufer?

(Siehe Diagramm Seite 40)

1) Der Zug erfüllt nicht den Zweck von 1....e7-e6, der, wie wir gesehen haben, ein frühzeitiges d7-d5 zur Folge hat; 2) im Falle Weiß schließlich mit e4-e5 vorgeht, ist der Zug c7-c5 die logische Erwiderung; indem er c7-c6 spielte, hat Schwarz bereits *einen Zug für diesen wichtigen Zweck verloren*; 3) indem er c7-c6 zog, hat Schwarz *seinem Damenspringer das beste Feld geraubt*. Das wird weitere Folgen nach sich

39

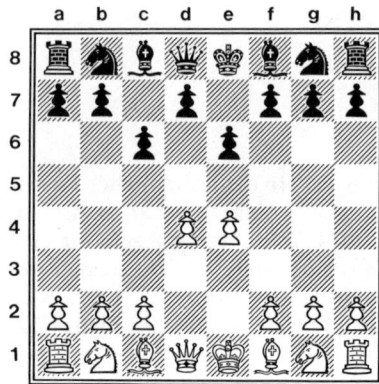

(Stellung nach 2. . . .c7-c6)

ziehen; 4) die beiden ersten Züge von Schwarz zusammen gesehen ergeben trübe Aussichten für den Damenläufer, der bereits von zwei Bauern eingebaut ist, die *auf Feldern der gleichen Farbe stehen wie die, auf denen der Läufer zieht;* das ist ein Fehler, den ungeübte Spieler häufig begehen und zeigt auf sehr lehrreiche Weise, wie *schwache Eröffnungen den späteren Verlauf der Partie entscheidend beeinflussen.*

c) Die einzige erwähnenswerte Alternative ist 3. . . .d7-d5 trotz des Zeitverlustes, der mit 4.e4-e5 c6-c5 verbunden ist.

d) 3. . . .Sg8-f6 kann auf eine vielfältige, befriedigende Weise beantwortet werden, zum Beispiel 1) 4.Lf1-d3. Es ist fast immer eine gute Politik in der Eröffnung, *eine Drohung mit Entwicklung einer neuen Figur zu beantworten.* Das ist ein sehr nützlicher Hinweis für den unerfahrenen Spieler, der dazu neigt,

seine Entwicklung zu vernachlässigen und sich zu gestatten, auf ein Nebengleis in irgend ein nichtssagendes Unternehmen hineingezogen zu werden – mit ungenügender Streitmacht für diesen Zweck... 2) 4.e4-e5 Sf6-d5 5.c2-c4. Gewöhnlich sind solche Bauernvorstöße, obwohl sehr verlockend und natürlich, vorsichtig anzuwenden, denn die so fröhlich vorstoßenden Bauern mögen sich später ungenügend geschützt und einem gewaltigen Angriff ausgesetzt sehen. In der Art von Stellung, die wir jedoch hier haben, kann ein eiliger Bauernvorstoß empfohlen werden, weil die schwarze Stellung sehr *passiv* ist, *so daß ein Gegenangriff des Nachziehenden unvorstellbar* erscheint und auch weil der schwarze Springer auf ein Feld getrieben wird (b6 oder c7), wo er für den Rest der Partie eigentlich außer Spiel ist.

e) Das ist nicht das beste. Es ist zwar ein Entwicklungszug, aber Schwarz kann einen Tausch erzwingen. *Wenn Ihr Gegner beengt steht, vermeiden Sie Abtausch,* es sei denn natürlich, man kann auf diese Weise unmittelbaren und sehr großen Vorteil erzielen. Der Grund für diese Regel ist, daß Ihre Figuren, wenn sie mehr Raum haben, den gegnerischen Steinen an Wirkung überlegen sind. Tauschen Sie ab, büßen Sie einen Teil dieser qualitativen Überlegenheit ein, indem Sie die beengte Stellung des Feindes in gewissem Grade erleichtern.

f) 5.Lg5-f4? ist natürlich ein krasser

Fehler, weil Schwarz einfach 5....Sf6Xe4 antworten und gefahrlos einen Bauern gewinnen kann. Diese Art grundsätzlicher Achtlosigkeit ist tatsächlich unentschuldbar, und die erste Sache, in der ein unerfahrener Spieler sich trainieren muß, ist sicherzustellen, vor *jedem* Zug, daß er *keinen seiner Steine dem Schlagen aussetzt, ohne zum Rückschlagen gerüstet zu sein.* Weiß hatte daher keine Wahl als 5.Lg5Xf6 zu spielen, womit er noch immer das bessere Spiel behielt, wenn auch in geringerem Maße als nach 4.Lf1-d3 oder 4.e4-e5.

g) 5....Sb8-a6? ist ein sehr schwacher Zug. *Vermeiden Sie stets, den Springer an den Rand des Brettes zu stellen,* denn auf diesem Sektor hat er die geringste Beweglichkeit. Springer stehen am wirkungsvollsten, wenn sie auf *das Zentrum oder seine Nachbarschaft* (die Felder d4, e4, d5, e5 und Umgebung) gerichtet sind. So beherrscht der Springer auf a6 nur vier Felder, und nur eins von ihnen, c5, ist wichtig. Wäre der Springer in der Lage gewesen, nach c6 zu gehen, würde er von dort nicht weniger als acht Felder beherrschen, von denen zwei (e5 und d4) von größter Bedeutung sind.

5....Sb8-a6? ist auch deswegen schwach, weil Weiß, wenn er es wünscht, jederzeit LXS spielen kann, wonach Schwarz verdoppelte und vereinzelte Randbauern behielte — eine ernste Schwächung für das Endspiel, denn die Bauern können sich nicht gegenseitig decken und sind so

für Angriffe besonders anfällig. In der gegebenen Stellung jedoch wird 6.Lf1Xa6 nicht mit b7Xa6?, sondern mit 6....Dd8-a5†!, gefolgt von Da5Xa6, beantwortet werden, womit die Verschlechterung der schwarzen Bauernstellung vermieden wird. Halten Sie immer ein scharfes Auge auf solche Möglichkeiten wie *Zwischenschachs* und *Zwischenzüge* gerichtet, sie verderben oft eine sonst wirkungsvolle Spielweise.

Ferner war 5....Sb8-a6? ein schwacher Zug, weil Schwarz, indem er ihn tat, seinerseits die Möglichkeit übersah, den Be4 zu erobern.

h) 6.Lf1-c4? ist in dieser Stellung nicht richtig. Ein Läufer steht auf diesem Feld nur in Eröffnungen gut, wo beide Seiten ihren Königsbauern zwei Schritte nach vorn gezogen haben, so daß der Läufer eine freie Diagonale bis zum Bf7 hat (in manchen Varianten der Sizilianischen Verteidigung 1.e2-e4 c7-c5 hat sich der Läuferzug nach c4 ebenfalls bewährt, Anm. d. Übers.).

Der richtige Zug war 6.Lf1-d3, wo der Läufer nicht nur auf eine gute Diagonale gebracht wird (besonders nachdem e4-e5 erfolgt ist), sondern außerdem den Be4 schützt.

i) Es gibt keinen Einwand gegen Sf6Xe4. Jeder der beiden Spieler hat nun das Schlagen zweimal übersehen!

j) Natürlich nicht: 7.Lc4-d3? ist weit davon entfernt, der beste Zug zu sein. Erzwungen war 7.e4Xd5, wonach Schwarz sein Spiel mit 7....

e6Xd5 (Öffnung der Diagonale des Damenläufers und daher weit besser als 7. . . .c6Xd5, in anderen Worten, das Verschwinden des e-Bauern beseitigt das Haupthindernis für die Entwicklung des schwarzen Damenläufers) gewaltig verbessert.

Die Verbesserung des schwarzen Spiels zeigt lediglich, daß Weiß seine überlegene Stellung nicht richtig behandelt hat.

k) Unerfahrene Spieler haben häufig eine Vorliebe für zeitvergeudende Schachgebote. 7. . . .Lf8-b4† ist sinnlos, weil der Läufer sofort mit c2-c3 fortgejagt wird. 7. . . .d5Xe4 hätte eine Figur gewonnen.

l) 8. . . .Sa6-b4? ist schwach, weil Schwarz die Figur zum zweiten Mal zieht, obwohl er mit der Entwicklung beträchtlich zurückgeblieben ist. Er sollte sich mit den Schwächen abfinden, die entstehen, wenn er LXS zuläßt und seine Entwicklung mit 8. . . .Lf8-d6 fortsetzen und die Rochade vorbereiten.

m) 9. . . .a7-a5 ist ganz nutzlos. Der Zug sollte ersetzt werden durch 9. . . .Sb4Xd3 10.Dd1Xd3 (wenngleich Schwarz die weiße Figurenentfaltung durch diesen Tausch beschleunigt hat, entfernt er eine nützliche weiße Figur im Tausch gegen eine weniger wirksame schwarze) 10. . . .Lf8-e7, gefolgt von 0—0. Schwarz wäre noch eine ganze Zeitlang mit der Entwicklung im Rückstand, doch seine Stellung wäre noch spielbar.

n) Schwarz fühlt sich durch die starke Stellung der weißen Dame belästigt. Sie hindert ihn, den Lf8 herauszubringen. Dem konnte jedoch abgeholfen werden durch 10. . . . Sb4Xd3 11.c2Xd3 Se4-f6, und Weiß muß den Angriff auf den Bg7 aufgeben, denn auf 12.Dg4-g3 (andere Damenzüge ermöglichen einen Zug des Königsläufers) 12. . . .Sf6-h5! 13.Dg3-f3 Sh5Xf4 14.Df3Xf4 Dd8-f6 kommt Schwarz in jedem Falle dazu, seinen Läufer zu entwickeln und anschließend zu rochieren. Er wäre dann im Vorteil.

ZUSAMMENFASSUNG: Diese Partie illustriert eine Anzahl sehr schwerer Fehler. Sie sind hauptsächlich: fehlende Entwicklung, Zeitverschwendung, Übersehen von Materialgewinnen und völliger Mangel an Verteidigungsfähigkeit.

Lektion II

a) 2.d2-d3 ist kein besonders guter Zug, weil er freiwillig *den weißen Königsläufer einsperrt.* Mit anderen Worten, es ist eine ähnliche Art von Fehler, den Schwarz in der vorigen Partie beging, als er die Züge e7-e6 und c7-c6 miteinander verknüpfte. Das ist ein Fehler, den unerfahrene Spieler oft begehen.

Richtig wäre 2.Sg1-f3, und wenn 2. . . .Sb8-c6, so kann Weiß seinen Königsläufer mit Lf1-b5 oder Lf1-c4 entfalten, oder auch den Zug des Läufers mit 3.Sb1-c3 oder 3.d2-d4 *aufschieben* (aber nicht *verhindern,* wie es der Textzug tut).

b) Im Hinblick auf die Tatsache, daß Weiß seine Beweglichkeit mit 2.d2-d3 bereits eingeschränkt hat, sollte er eigentlich bemüht sein, Gelegenheiten wahrzunehmen, um auf eine andere Art den ihm zur Verfügung stehenden Raum zu vergrößern. Ein Weg dahin bestünde in 4.f2-f4, das ihm die offene f-Linie verschafft. Der Lernende sollte sich überlegen, *daß Aufmerksamkeit oder Nachlässigkeit in der Eröffnung sich dauerhaft auf den späteren Charakter der Partie auswirken werden.*

c) 6.Sc3-d5 ist vollständig nutzlos. Allgemein gesprochen, hüten Sie sich davor, dieselbe Figur zweimal zu ziehen (oder gar noch öfter!), solange die Partie sich noch in der Eröffnungsphase befindet. Das ist ein guter Ratschlag, den jedes Schachlehrbuch wiederholt, und doch fahren unerfahrene Spieler fort, ihn ebenso regelmäßig zu vernachlässigen. Und doch, sobald Sie sich der Sache ein wenig widmen, werden Sie leicht erkennen, daß, *wenn die gleiche Figur zweimal gezogen wird, die Gesamtentwicklung schwer darunter leidet, Zeit verloren geht und der Gegner infolgedessen die Führung der Partie übernehmen wird. Andererseits, wenn Sie gewissenhaft danach streben, neue Figuren bei jedem Zug oder so oft wie möglich ins Spiel zu bringen, werden Sie ganz sicher eine starke Entwicklung erreichen und bald vielversprechende Aussichten im Mittelspiel haben.* Ein wenig Schulung in diesem Prozeß wird jeden Spieler bald befähigen, seine

Figuren rasch ins Spiel zu bringen und zu vermeiden, ein oder zwei Figuren zu Tode zu arbeiten.

d) Ja, 7.Lf1-e2? ist ein Fehler, denn Schwarz kann nun einen Bauern gewinnen mittels 7....Sf6Xd5! 8.e4Xd5 (erzwungen, weil 8.Lg5 Xe7?? Sd5Xe7 den Weißen eine ganze Figur kostet) 8....Le7Xg5 9.d5Xc6 b7Xc6 und so fort.

Kann Schwarz etwas Material erobern?

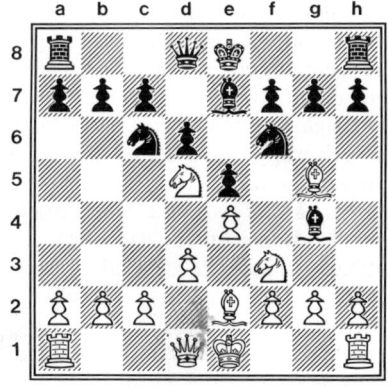

(Stellung nach 7.Lf1-e2)

Ein Versuch seitens des Weißen, den Bauern zurückzuerobern, bliebe fruchtlos: 10.Sf3Xg5 Lg4Xe2 11.Sg5Xf7 Le2Xd1 12.Sf7Xd8 Ld1Xc2 13.Sd8-e6 Ke8-d7 14.Se6 Xg7 Lc2Xd3, und Schwarz hat immer noch einen Bauern mehr! Für sein Versäumnis, diese schwierige Variante vorherzusehen, kann man den Weißen kaum kritisieren, der wichtige Punkt für uns zu merken ist jedoch, daß der Bauernverlust von dem fehlerhaften Zug 6.Sc3-d5 herrührt.

e) Wie schon gezeigt, war 7....Sf6 Xd5! der Zug.

f) Nachdem nun beide Seiten den Bauerngewinn für Schwarz übersehen haben, hatte Weiß eine Gelegenheit, sich zu sichern, indem er 10.Sd5Xe7† spielte. Er erhielte auf diese Weise eine befriedigende Partie ohne Materialeinbuße. Dennoch würde seine Entwicklung der schwarzen hinterherhinken, und alles wegen der drei Springerzüge (Sb1-c3-d5Xe7†), die diese Figur für eine ebenbürtige eintauscht, die nur einen Zug gemacht hat.

g) Es gab keinen Grund, Sf6Xd5 zu unterlassen, einen Zug, der noch immer einen Bauern erobert hätte.

h) 9.Dd1-d2?? ist ein schwerer Bock, der die offensichtliche Antwort 9.... h6Xg5 erlaubt. Es ist wiederum erforderlich zu betonen, wie lebenswichtig es ist, sich vor *jedem Zug* mit einem raschen Blick davon zu überzeugen, daß keine Figuren *einstehen.* Fehler wie 9.Dd1-d2?? sind so elementar und in so großem Maße jedem Ehrgeiz abträglich, ein besserer Spieler zu werden, daß sie die ersten sind, die ausgemerzt werden müssen.
Der beste Zug von Weiß war zweifellos 9.Lg5Xf6 Le7Xf6, das den Zentrumsspringer in seiner guten Lage sichert, wenigstens für einige Zeit.

i) Dies ist, wenn irgend möglich, ein noch ärgerer Fehler als der letzte

Zug des Weißen. Korrekt war 9.... h6Xg5.
Wir müssen noch einmal betonen, wie notwendig es ist, die Stellung *vor jedem Zug* zu studieren, um jeden möglichen Schlagfall zu entdecken.

j) Wiederum haben beide Seiten das mögliche Schlagen einer Figur übersehen. Weiß hat noch immer die Möglichkeit, den bedrohten Läufer zu retten, doch fährt er fort, seine Chance zu übersehen. Er hätte 10. Sd5Xe7† Dd8Xe7 11.Sf3Xd4 h6Xg5 12.Le2Xg4 Sf6Xg4 (wenn 12....e5Xd4, so 13.Dd2Xg5 und Weiß hat einen Bauern gewonnen) 13.Sd4-f5 spielen sollen und damit jeden Nachteil vermieden.
Klingt das nicht wie ein Widerspruch? – Wie kann Weiß nach so vielen Fehlzügen gut stehen? Die Antwort liegt in dem ständigen *Versäumnis* des Nachziehenden *die weißen Fehler auszunützen.*
Der Textzug muß noch aus einem weiteren Grund untersucht werden, der mit der psychologischen Situation zusammenhängt. Viele unerfahrene Spieler haben eine Schwäche für mehr oder weniger symmetrische Stellungen, in denen sie Angriffe auf ihre Figuren mit einem entsprechenden Angriff auf die gegnerischen Figuren beantworten (gerade das ist passiert im Falle von 10.h2-h3??). Eine solche Politik ist jedoch oft gefährlich, weil derjenige, der die erste der geplanten Tauschwendungen vornimmt, die Initiative besitzt, womit gesagt ist, daß es oft unmöglich sein wird, ihn auf dem ge-

samten Weg nachzuahmen. Denken wir an den äußersten Fall, daß derjenige nicht imitiert werden kann, der im Verlaufe einer Abtauschserie „zufällig" „zuerst" mattsetzt!

k) Falls 11.Sd5Xe7† Dd8Xe7 12. Lg5Xf6 De7Xf6 (stärker als 12. . . . Sd4Xe2† 13.Dd2Xe2!) 13.g2Xf3 (auf 13.Le2Xf3 erobert 13. . . .Df6 Xf3 eine Figur, denn nach 14.c2-c3 kann Schwarz entweder 14. . . .Sd4-e2† oder 14. . . .Df3-e2 fortsetzen) 13. . . .Df6-g5†! mit Figurengewinn wegen der ungedeckten weißen Dame und des Zwischenschachs auf e2 nach 14.Dd2Xg5 Sd4Xe2† (15.Kg1-h2 h6Xg5). Mit anderen Worten, es gab keine große Wahl zwischen dem Textzug und 11.Sd5Xe7†.

1) Weiß darf nicht 13.Dd2Xg5 spielen wegen 13. . . .Sf6Xd5, und Schwarz hat eine zweite Figur erobert. Brauchbar war jedoch 13.Sd5 Xe7† Dd8Xe7 14.Dd2Xg5, wenn auch der schwarze Vorteil sicher zum Gewinn ausreicht.

m) Natürlich hat Schwarz einen leichten Gewinn, aber warum diese Nachlässigkeit? Es gab mehrere Züge, die vorzuziehen waren, wie zum Beispiel 13. . . .Sf6Xd5 14.e4Xd5 f7-f5, oder 13. . . .Sf6-h5, gefolgt von c7-c6, um sich die Alleinherrschaft über das Feld f4 zu sichern. Auf jeden Fall hatte Schwarz eine schöne Partie und den baldigen Gewinn in Sicht.

Bei dieser Gelegenheit müssen wir die Bekanntschaft mit einem anderen Begriff machen, auf den wir oft verweisen werden: die Gewohnheit, *danach zu streben, eine gewonnene Partie mit dem geringsten Aufwand und auf die wirkungsvollste Weise zum Erfolg zu führen.* Es mag pedantisch und tadelsüchtig erscheinen, darauf zu bestehen, daß Schwarz mit größerer Genauigkeit spielt als er es tatsächlich fertigbringt, kraftvoller als er es tut. Schließlich, mit einer ganzen Figur im Vorteil, warum sollte Schwarz sich abmühen, sorgfältig und vorsichtig vorzugehen? Er kann gewinnen wie er will und so fort. Aber Erfahrung und Beobachtung lehren uns, daß eine solche Sorglosigkeit eine gewonnene Partie manchmal gefährdet, manchmal wegwirft. Die Fehler, die mit kleinen Ungenauigkeiten beginnen, steigern sich oft. Jedenfalls: warum soll man das Geschick herausfordern?

n) Der eine mögliche Einwand, den man gegen Sd5Xe7† gefolgt von Dd2Xg5 haben könnte, ist der, daß im allgemeinen der Spieler, der sich im materiellen Nachteil befindet, Tausch vermeiden sollte, der nur die Aufgabe des Gegners erleichtert. Im vorliegenden Fall jedoch hat Weiß eine schwache Mittelspielstellung (bloßgestellter König), so daß es wenig hilft, Abtausch aus dem Weg zu gehen.

o) 15.d3-d4? ist noch ein Fehler, denn Schwarz kann einfach antworten mit 15. . . .d5Xe4, und der weiße d-Bauer ist gefesselt.

p) Es gab keinen Grund, 16. . . . d5Xe4 zu vermeiden, das noch immer einen Bauern gewinnt.

q) 17.Dd4-d3 war besser, weil es den Bauern gehalten hätte.

r) Es gab keinen triftigen Grund, d5Xe4 zu vermeiden. Beachten Sie, wie beide Partner wieder und wieder versäumten, von angezeigten Schlagmöglichkeiten Gebrauch zu machen und wie Schwarz sich auf einem von Fehlern gepflasterten Weg voranmüht, anstatt irgend eine klare Gewinnmethode zu entwikkeln.

Was sollte Weiß spielen?

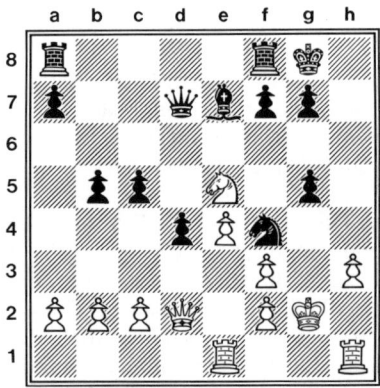

(Stellung nach 21 . . . .Sh5-f4†)

s) 21. . . .Sh5-f4† ist ein schwerer Fehlzug, weil Weiß die verlorene Figur nun mit 22.Dd2Xf4 zurückzuholen vermochte! Ein Beispiel für eine andere wichtige Regel: *Wenn Sie den Angriff auf eine Ihrer Figuren mit einem Angriff auf eine der Figuren Ihres Gegners beantworten, müssen Sie sich vergewissern, daß die* Stellung für Ihren Gegner nicht die Gelegenheit zu einem Überraschungszug bereit hält. Dies ordnet sich, wie Sie feststellen werden, unter die allgemeinere Regel ein, jede Stellung nach möglichen Schlagfällen abzusuchen.
Anstelle von 21. . . .Sh5-f4†?? war ein Damenzug angezeigt.

t) Weiß versäumt seine Chance. 22.Dd2Xf4! war richtig.

u) Mit 27.d4-d3 sichert sich Schwarz einen starken Freibauern.

v) 29.Te1-e4 ist eine ziellose Antwort auf den ziellosen schwarzen Zug 28. . . .b5-b4. Weiß hätte einfach 29.c3Xb4 spielen sollen. Der Textzug ist jedoch sehr schlecht, weil er dem d-Bauern gestattet, nach vorn zu eilen. Freibauern sollte man festlegen (,,blockieren").

ZUSAMMENFASSUNG: Diese Partie wird durch Planlosigkeit, grobe Versehen und ernsthafte Ungenauigkeiten charakterisiert. Diese Versäumnisse rufen Grundregeln auf den Plan, die unabänderlich im Gedächtnis festgehalten werden müssen, bis sie zur zweiten Natur geworden sind.

Lektion III

a) Der Zug 3. . . .d7-d5 läßt d5-d4 möglich werden, das den Springer vertreibt, gefolgt von c6-c5 mit starker schwarzer Mitte. Weil 2. . . .c7-c6 offensichtlich eine Vorbereitung von d7-d5 darstellte, hätte Weiß vorhersehen können, daß sich 3.Sb1-c3 als unbefriedigend erweisen würde.

b) Weiß würde gern d2-d4 spielen. Macht er aber den Zug sofort, antwortet Schwarz 4....d5Xc4, und es wäre keinesfalls leicht, den Bauern zurückzugewinnen – falls es überhaupt möglich gewesen wäre... Hätte Weiß 3.Sg1-f3 gezogen, hätte er 3....d7-d5 einfach mit 4.b2-b3 beantworten können, weil die Antwort 4....d5-d4 keinen Zeitverlust hervorruft.

Wir stellen also fest, 3.Sb1-c3 ist zwar ein Entwicklungszug, aber ein unüberlegter Entwicklungszug, weil er keinen Nutzen bringt, sondern tatsächlich zu späteren Schwierigkeiten führt. *Entwicklung muß weitsichtig sein.* (Anmerkung des Übersetzers: In der heutigen Praxis sind Stellungen, wie sie nach 3.Sb1-c3 d7-d5 4.b2-b3 d5-d4 5.Sc3-b1 entstehen, häufig anzutreffen, und zwar besonders mit den schwarzen Steinen (Ben-Oni und Pirc-Verteidigung). Sie sind für beide Teile schwer zu behandeln.)

Indem er 4.c4Xd5 spielt, vermeidet Weiß jede Verlegenheit im Zusammenhang mit der Bedrohung seines c-Bauern, er erlaubt jedoch dem Schwarzen, seinen Damenspringer auf das verhältnismäßig bessere Feld c6 gegenüber dem bescheideneren d7 zu entwickeln. Und wir haben bereits gelernt: *Je näher sich ein Springer zum Zentrum befindet und je weiter er sich vom Rand entfernt, um so günstiger ist er gewöhnlich postiert.*

c) 5....Lc8-f5 sieht anziehend aus, würde jedoch den Schwarzen nach 6.Dd1-b3! starkem Druck aussetzen (Anm. d. Übersetzers: Schwarz könnte sich auf 6....Dd8-d7 7.Sg1-f3 Sb8-c6 8.Sf3-e5 nicht gut einlassen, zumal 8....Sc6Xd4?? 9.Se5 Xd7 Sd4Xb3 10.Sd7Xf6† eine Figur kostet). Er entscheidet sich daher für den weniger ehrgeizigen Textzug.

d) 7.Dd1-c2 droht 8.Sc3Xd5. Diese Drohung ist jedoch leicht mit einem *Entwicklungszug* zu beantworten, der mit einer Drohung Zeit gewinnt. Einfach 7.Lf1-g2, gefolgt von 8.0—0, war angebracht.

Der tatsächlich gespielte Zug hat jedoch zwei Nachteile:

1. Der Dame auf c2 wird bald ein Turm auf c8 gegenüberstehen und indirekte, unbequeme Drohungen ermöglichen, die gegen die bloßgestellte Dame gerichtet sein werden.

2. Wie die Partie läuft, verschafft sich Weiß bald eine Schwäche auf weißen Feldern.

e) 7....Sb8-c6 verhindert Sc3Xd5 und greift außerdem den Bd4 an.

f) 8.e2-e3 führt zu einer Schwächung der weißen Felder. In welchem Sinn sind sie schwach? Sie sind in dem Sinne schwach, als eine ganze Reihe von weißen Feldern im Lager der weißen Partei *nicht mehr von Bauern geschützt sind und daher von Figuren verteidigt werden müssen.* Die wichtigste dieser Verteidigungskräfte ist der weiße Königsläufer. Sollte diese Figur jemals getauscht werden, sieht es mit den weißen

Feldern tatsächlich sehr schlecht aus. Beachten Sie auch diesen Punkt: die Tatsache, daß sich nicht weniger als sechs weiße Bauern auf schwarzen Feldern befinden und nur dunkelfarbige Felder beherrschen, bedeutet nicht nur eine Schwäche der weißen Felder; *sie bedeutet auch, daß der Wirkungsbereich des anderen weißen Läufers erheblich eingeschränkt sein wird.* – Diese zwei Arten von Schwächen gehen oft Hand in Hand; in diesem Fall nennt man den Königsläufer den „starken" oder „guten" Läufer, den Damenläufer den „schwachen" oder „schlechten" Läufer. Wir sahen ein Beispiel für diesen „schlechten" Läufer in der ersten Partie nach den Zügen 1. . . . e7-e6 und 2. . . .c7-c6, und Sie werden sich erinnern, daß der Damenläufer in dieser Partie keinen einzigen Zug machte.

Ein letzter Punkt: Weiß hätte die Schwächung 8.e2-e3 vermeiden können, wenn er den Zug durch 8.Dc2-d1 ersetzt hätte; dann gäbe er aber indirekt zu, daß sein 7. Zug sinnlos gewesen ist.

g) Weil dieser „schlechte" Läufer keinen nennenswerten Spielraum besaß, wäre es vernünftiger gewesen, mit 9.Lf1-g2 und 0—0 fortzufahren.

h) Zwar ist auch der schwarze Damenläufer „schlecht", aber sein Zug hat Sinn, weil er die c-Linie für den Turm räumt und als Folge davon Drohungen gegen die weiße Dame schafft.

i) Es ist Schwarz, der auf der c-Linie stärker steht, weil sein Turm weniger wertvoll und damit weniger empfindlich ist als die weiße Dame, so daß Schwarz eine mögliche Aktion entlang dieser Linie weniger zu fürchten braucht.

j) Weiß fürchtet sich nicht vor 12. . . . Sc6Xd4?, auf das er 13.Lb5Xd7† Ke8Xd7 14.Sf3-e5† mit Gewinn vorbereitet hat. Abgesehen von dieser taktischen Pointe ist der Textzug ein weiteres Beispiel für ziellose Entwicklung: sobald Schwarz rochiert hat, wird er Sc6Xd4 (der Damenläufer wird nicht länger gefesselt und darum der Turm c8 nicht gefährdet sein) drohen. Vermeidet Weiß das mit Lb5Xc6, werden *seine weißen Felder geschwächt sein.*

Wer hat auf der c-Linie die stärkere Stellung?

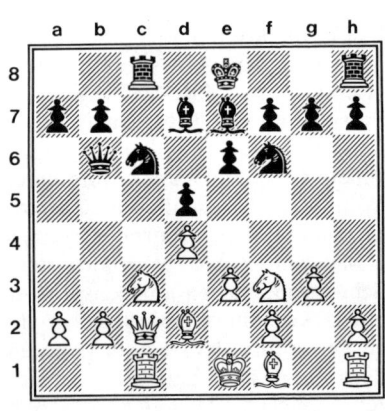

(Stellung nach Ta8-c8)

k) Wie schon ausgeführt, droht Schwarz nun 13. . . .Sc6Xd4.

48

l) Falls 14.Dc2Xc5, so Sc6-e5 15.Sf3Xe5 Tc8Xc5 16.Tc1Xc5 und Weiß hat nur Turm und Springer für die Dame, also eine kleine Einbuße erlitten. Die weiße Stellung auf der c-Linie ist wacklig, wie eingehend dargelegt worden ist. Nun jedoch wird der c-Bauer zum Angriffsobjekt.

m) Nicht 14....e6-e5 wegen 15.Lb5Xc6, gefolgt von 16.Sf3Xe5 und Weiß hat einen Bauern erobert.

n) Falls 15.Lb5Xc6 Tc8Xc6, wonach b7-b6 und Sf6-e4 droht. Weiß wäre schwach auf den weißen Feldern, nachdem sein „guter" Läufer nicht mehr vorhanden ist, und, noch schwerwiegender, sein verwundbarer c-Bauer wäre anhaltendem Druck ausgesetzt – der natürliche Ausgang seiner schwachen Stellung auf der c-Linie.

Spielt Weiß andererseits 15.Lb5-e2, bleiben die weißen Felder geschützt, doch Schwarz sichert sich ein schönes Spiel mit 16. . . .e6-e5, wonach Weiß sehr beengt stünde und seine Figuren schlechte Aussichten haben – das logische Ergebnis so vieler *unüberlegter Entwicklungszüge.*

o) Schwarz droht e5-e4. Das zeigt, daß 15.Lb5-d3? offenbar die schlechteste der drei möglichen Alternativen war. Beachten Sie, wie zweckentsprechend Schwarz entwickelt ist, ohne sich Schwächen zu schaffen.

p) Am besten war wohl 16.Ld3-e2, obwohl Weiß damit zugäbe, daß sein vorangegangener Zug Zeitverschwendung war. *Beachten Sie, wie*

die oberflächlichen weißen Züge mit geringstmöglichem Aufwand bestraft werden.

q) 17.Sf3-d4 kostete eine Figur nach 17. . . .Sc6Xd4. *Schutzkräfte dürfen keinem Angriff ausgesetzt sein.*

r) Das fehlerhafte weiße Spiel hat den Tausch des „guten" Läufers herbeigeführt, und der verbleibende „schlechte" Läufer ist machtlos bei der Deckung der unglücklichen weißen Felder. *Das logische Ergebnis ist daher machtvolles Eindringen auf den ungeschützten weißen Feldern.* Diese logische Folge macht den letzten Zug des Schwarzen so kraftvoll.

Die weißen Felder von Weiß sind elend schwach

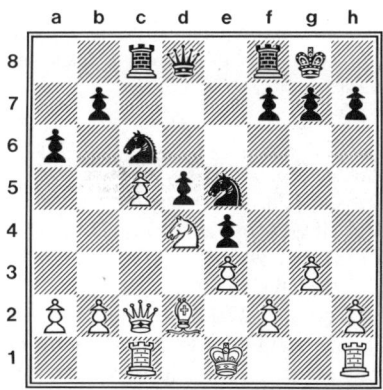

(Stellung nach 18. . . .Sd7-e5)

s) Falls 19.0—0, so hat Schwarz viele gute Varianten. Die einfachste ist 19. . . .Sc6Xd4 20.e3Xd4 Se5-f3† mit Eroberung eines Bauern bei weit überlegener Stellung. Unter den Zügen, die Weiß Zeitverlust einbrachten, befanden sich 3.Sb1-c3, 7.Dd1-c2, 9.Lc1-d2, 10.Ta1-c1, 12.Lf1-b5 und die übrigen unglücklichen Züge des Läufers. Inzwischen hat Schwarz einfache Entwicklungszüge gemacht, Schwächen vermieden und Figuren auf wirkungsvolle Felder gestellt.

t) 19. . . .Dd8-f6 droht 20. . . . Sc6Xd4† 21.e3Xd4 Df6-f3† mit Turmgewinn!

u) Falls 20.Th1-f1, so 20. . . .Sc6 Xd4† 21.e3Xd4 Df6-f3† 22.Ke2-e1 Se5-d3† 23.Dc2Xd3 e4Xd3 und Matt im nächsten Zug. Eine Katastrophe, die herbeigeführt worden ist *durch die unrichtige Entwicklung des Weißen und die Schwächung der weißen Felder.*

v) Der Textzug ist spielbar, wegen der folgenden Fesselung jedoch gewagt.

w) 24. . . .Tc8Xc5 gefährdet die bis hierher von Schwarz gut gespielte Partie. Der richtige Zug war 24. . . . Df6-h6, das die Fesselung aufhebt und die Doppeldrohung Dh6Xc1† und Dh6-h3† aufstellt (zum Beispiel 25.Dd3Xd4 Dh6Xc1† 26.Kf1-f2 Dc1-c2† 27.Kf2Xf3 Dc2-f5† 28.Kf3-g2 Df5-e4† nebst Damentausch, und das Endspiel ist für Schwarz mühelos zu gewinnen).

x) 25.Lc3Xd4 ist nicht am besten, denn Schwarz setzt nun seine Absicht durch. Richtig war 25.Kf1-f2! (im 21. Zug konnte der König nicht hierher gehen, weil dann 21. . . .Se5-g4† 22.Kf2-f1 Sc6Xd4 sofort für Schwarz entschieden hätte) 25. . . .

Tc5-c4 26.b2-b3 und Schwarz muß entweder die Qualität (Turm gegen Läufer) opfern mit allerdings günstigem Endspiel, weil er drei Bauern als Gegenwert besitzt, oder die verwikkelte Gewinnfortsetzung 26. . . .Tf8-e8 27.b3Xc4 Te8-e2† 28.Kf2-g1 Df6-h6! 29.Tc1-d1 Te2-g2† 30. Kg1-f1 Dh6-h3! finden. Das wäre selbst für einen Meister nicht leicht gewesen (auch in dieser Variante macht sich die Schwäche der weißen Felder auf verhängnisvolle Weise bemerkbar). Der Lernende möge besonders die Folgen von 28.Dd3Xe2 (anstelle von 28.Kf2-g1) 28. . . .f3Xe2† prüfen, bei denen sich die Kraft der Dame bei bloßgestelltem König bemerkbar macht.

Der 24. Zug des Schwarzen gibt zwar den Gewinn nicht aus der Hand, er erschwert ihn, und das läuft in der Praxis häufig auf das gleiche hinaus. Wenn ein Spieler sich wie hier einer gefährlichen Fesselung aussetzt, *muß er alle Möglichkeiten mit äußerster Gründlichkeit untersuchen.*

y) 26. . . .Df6-c6 war gradliniger. Schwarz behält ein größeres Übergewicht als nach dem Partiezug. Wir kehren also zu der wichtigsten Maxime zurück: *Spielen Sie so, daß Sie den Gewinn in der einfachsten und mühelosesten Weise erreichen.*

z) 29.Th1-d1 verkürzt den Widerstand des Weißen, weil er Damentausch zuläßt. 29.Th1-e1 hätte länger standgehalten.

ZUSAMMENFASSUNG: Der Kontrast zwischen der ordentlichen Ent-

wicklung des Schwarzen und dem planlosen weißen Spiel wurde so ausgeprägt, daß Weiß sich nicht mehr ausreichend verteidigen konnte. Der Hauptfehler von Weiß war, daß er seine weißen Felder schwächte.

Lektion IV

a) Die Stellung ist mehr oder weniger symmetrisch, bei einer Entwicklung, die man zusammenfassend als harmlos für Weiß und kraftlos für Schwarz bezeichnen kann. Weiß hat es schwer, einige Initiative zu erlangen, und das Mittelspiel wird im allgemeinen rasche Vereinfachungen oder geduldige langwierige Manöver bringen. All das setzt das Fehlen ernsthafter Versehen auf beiden Seiten voraus.

b) Schwarz macht diesen Zug, weil er Angst vor der Fesselung 6.Lc1-g5 hat. Unerfahrene Spieler sind sehr furchtsam vor der Behinderung, die von dieser Fesselung ausgeht, daß sie oft den h-Bauern vorrücken (fast immer Zeitverschwendung und manchmal ein schwächender Zug), um den Läufer nicht nach g5 zu lassen. Gleichwohl kann Schwarz nach 5. ... d7-d6 6.Lc1-g5 mit Lc8-e6 antworten, und falls 7.Sc3-d5, so Le6Xd5 8.Lc4Xd5 h7-h6. Weiß muß dann den Abtausch eines der Läufer zugestehen; oder 8.e4Xd5 Sc6-a5 9.Lc4-b5† c7-c6 10.d5Xc6 b7Xc6 11.Lb5-a4 Db8-b6 und Weiß hat es schwer, Bauernverlust zu vermeiden.

c) Wie in Partie Nr. 2 ist der Zug Sc3-d5 reiner Zeitverlust. *Vermeiden Sie den wiederholten Gebrauch einer Figur in der Eröffnung, es sei denn, Sie haben einen sehr guten Grund dafür.* Besser war Lc1-e3.

d) 8.e4Xd5 ist eher schwächer, weil der Bauer die Schräge des Läufers verstellt. Ein weiteres Beispiel dafür, *wie ein Bauer den Bereich eines Läufers behindert, wenn er auf derselben Farbe wie der Läufer steht.*

e) 9.Ld5Xe6 verschafft Schwarz eine offene f-Linie und erhöht so seine Beweglichkeit. Später erhält er Angriffsaussichten. 9.Ld5-b3 vermied die Öffnung der f-Linie. Tauscht Schwarz auf b3, öffnet Weiß sich die a-Linie.

Achten Sie bitte darauf, daß *jeder Bauernschlag das Öffnen oder Schließen einer Linie bedeutet.* Solche Schlagfälle sind darum geeignet, den künftigen Verlauf einer Partie wesentlich zu beeinflussen.

f) 10.b2-b3 ist gar nicht am Platze. Der Zug wurde getan, um den Läufer nach b2 zu bringen, wo er jedoch auf eine Steinmauer in Gestalt des schwarzen Bauern auf e5 blickt.

Soll Weiß seinen Läufer flankieren oder ihn nach e3 bringen?

(Siehe Diagramm Seite 52)

Weil der Damenläufer keinen Wirkungskreis auf b2 hat und weil es in Stellungen, in denen beide ihren Königsbauern zwei Schritte nach vorn gerückt haben, wichtig ist, das Feld f4 gedeckt zu haben, wäre Weiß

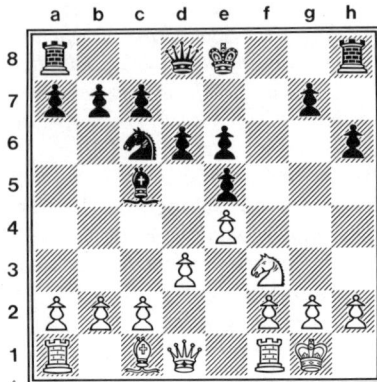

(Stellung nach 9....f7Xe6)

gut beraten gewesen, Lc1-e3 zu spielen.

Es gab zwei wichtige Gründe für 10.Lc1-e3. 1. Der schwarze Läufer hat, wie man sehen wird, eine schöne Diagonale im Besitz, die direkt bis nach f2 zielt. Es ist wichtig, diese wirkungsvolle Angriffslinie zu unterbrechen, und die beste Art, das zu tun, besteht in dem Zug Lc1-e3. 2. Weil der schwarze Läufer auf c5 gut steht und der weiße auf b2 schlecht, so folgt daraus, daß der weiße Läufer *von geringerem Wert* ist. Daher *ist es klar zum Vorteil des Weißen, den Läufertausch herbeizuführen.*

Manche Spieler haben ein ausgeprägtes Vorurteil gegen vereinfachenden Abtausch, weil sie das Erregende an undurchsichtigen Stellungen lieben. Mit diesem Gesichtspunkt sympathisieren wir alle, doch ein Spieler nimmt unnötige Nachteile auf sich, wenn er absichtlich den Abtausch „arbeitsloser" Figuren vermeidet.

g) Die unmittelbare Absicht von 11....Dd8-f6 ist, Weiß an d3-d4 zu hindern, einem Zug, der den Bereich des weißen Läufers erheblich vergrößern und zugleich die Schräge des schwarzen Läufers unterbrechen würde.

Außerdem bedeutet 11....Dd8-f6 die Vorbereitung eines Königsangriffs.

h) 12....a7-a5 sieht wie der erste Schritt in einem Plan aus, die a-Linie mittels a5-a4 zu öffnen. Das kommt in ähnlichen Stellungen oft vor und wird ermöglicht durch den Zug b2-b3, der das unglückliche „Fianchetto" (Flankieren) des Läufers vorbereitet. Wir haben hier wiederum ein Beispiel dafür, *wie verborgene Schlagfälle der Bauern, die den künftigen Status einer Linie beeinflussen, uns gestatten, unsere künftige Strategie zu planen.* In der vorliegenden Stellung ist es noch immer die f-Linie, die eine beherrschende Rolle spielt.

i) 13.c2-c3 zeigt an, daß Weiß d3-d4 folgen lassen möchte. Der Zug ist notwendig geworden, um die starke Läuferdiagonale, die nach f2 reicht, zu blockieren.

j) 13....Kg8-h7 ist vollständig überflüssig. Solche Unentschlossenheit sollte man, wenn immer möglich, vermeiden. Gelegentlich gerät man in flache, farblose Stellungen, wo es sehr schwer ist, einen Plan zu fassen; doch hier, wo das schwarze Spiel in der f-Linie so offensichtlich ange-

52

zeigt ist, gibt es für Ziellosigkeit keine Entschuldigung. Der Textzug ist darum ein Merkmal des unerfahrenen Spielers, der dazu neigt, sich zu drehen und zu wenden und Züge zu machen, die nicht miteinander in logischer Folge verbunden sind. *Es ist immer besser, sich von einem breitgefächerten, allgemeinen und, wenn man will unbestimmten Plan leiten zu lassen, der versuchsweise um den zehnten Zug herum entwickelt werden, und der als Leitfaden für das dann folgende Spiel dienen kann.*

k) 14.De2-c2 ist nutzlos, genauer gesagt, sogar schlimmer als nutzlos; er ist sogar nachteilig. Er ist nutzlos in dem Sinne, daß er dem weißen Spiel nicht förderlich ist und sollte darum ersetzt werden durch brauchbare Züge wie Ta1-d1 (mit der Absicht eines eventuellen d3-d4). Doch 14.De2-c2 ist ein schwacher Zug, der dem Springer auf f3 einen Schutz nimmt, den er im Hinblick auf seine Stellung auf der f-Linie, wo er Angriffen ausgesetzt ist, dringend braucht.

l) Schwarz nützt die Lage sofort aus, indem er Tf8Xf3 droht.

m) 16.Sh4-f3?? würde eine Figur kosten wegen Tf8Xf3 (man sieht wieder die nachteilige Wirkung von De2-c2). Die f-Linie fängt an, ihren Wert zu zeigen.

n) Richtig war, den Druck auf der f-Linie einfach zu verstärken, also 16.Tf8-f6 17.Ta1-d1 Ta8-f8 18.d3-d4 Lc5-b6. Dem Weißen wäre es gelungen, den Druck durch Blok-

kade der Diagonale des feindlichen Läufers zu vermindern, doch die schwarze Stellung bliebe weit überlegen.

Zum Beispiel: die schwarze Dame und die Türme stünden auf sehr wirkungsvollen Feldern, während die entsprechenden weißen Figuren auf traurige Verteidigung beschränkt blieben. Der Gegensatz zwischen den leichten Figuren des Schwarzen (Läufer und Springer), die stark gegen die weiße Mitte gerichtet sind, und ihren weißen Gegenspielern ist sogar noch greller, denn der weiße Läufer, der hinter einem Bauern steht, wäre vollständig erstickt und der Springer am Rand, übte, wie wir schon wissen, gleichfalls sehr wenig Wirkung aus.

o) Der einfache und richtige Gang war 18.Lc1Xf4 mit Gewinn der Qualität, für die Schwarz keinen Gegenwert hat (e5Xf4 19.d3-d4 und so fort). Der viel zu gewinnsüchtige Textzug, mit dem Weiß einen ganzen Turm zu gewinnen hofft, wird auf angemessene Art widerlegt.

Die Naivität des Weißen, der versucht einen ganzen Turm anstelle der Qualität zu erobern, sollte man nicht so sehr verurteilen. Die meisten Spieler würden einfach ohne Nachdenken 18.Lc1Xf4 spielen. Doch der Weiße, als ob er dem Ratschlag des Verfassers folgte, vermeidet den offensichtlichsten Zug in einer gewonnenen Stellung; er dringt tiefer in den Geist der Stellung ein und findet . . . einen schlechteren Zug! Und dennoch, *das Vorhaben war richtig;*

nur die besondere Berechnung war falsch. Darum sollte der Leser nicht durch den Fehlgriff des Weißen entmutigt sein. In Gewinnstellung fahren Sie fort, peinlich genau nach dem *besten* Zug zu suchen.

p) Die Bombe explodiert auf f2. Wenn 19.Lc1Xg5?, so Tf2Xf1‡, eine Illustration der klassischen Zusammenarbeit der gegen die Achillesferse des Weißen gerichteten Streitkräfte.

q) Falls 20.Lc1Xg5, so 20.... Tf2Xc2† 21.Lg5-e3 Tc2Xg2† 22. Kg1Xg2 Lc5Xe3 und gewinnt.

r) Wenn 22.Lg5-c1, so d4-d3† 23.Lc1-e3 (sonst gewinnt d3-d2) 23....d3-d2 24.Ta1-f1 Ta8-f8! und Schwarz gewinnt... Falls 22.Sg2-e1, so d4-d3† 23.Kg1-h1 Tc2-e2 und gewinnt.

s) 22....Sc6Xd4 ist ein sehr schlechter Zug, denn 22....Lc5Xd4† erobert einen ganzen Turm und erzwingt die sofortige Aufgabe von Weiß! In gewonnener Stellung *halte stets ein, um den besten Zug zu finden!*

t) 23.Ld8? ist ein ebenso schwerer Fehler. Weiß sollte 23.Le3 ziehen und damit die folgende Katastrophe vermeiden. Zwar ist die weiße Stellung nach 23....Sd4-f3† 24.Kg1-f1 (nicht 24.Kg1-h1 wegen Lc5Xe3 und Weiß kann nicht zurückschlagen, weil sonst der Turm auf h2 mattsetzen würde) 24....Sf3Xh2† 25. Kf1-g1 Sh2-f3† 26.Kg1-f1 Lc5Xe3 27.Sg2Xe3 Tc2-h2 hoffnungslos, gleichwohl muß der unerfahrene Spieler danach streben, *stets den Zug zu entdecken, der ihm erlaubt, in ver-* zweifelter Lage am längsten Widerstand zu leisten. Viele halbe (und manchmal ganze!) Punkte vermag man auf diese Weise zu retten.

ZUSAMMENFASSUNG: Trotz ungenauer Züge auf beiden Seiten rettete die offene f-Linie des Schwarzen für ihn den Tag. Die auf das Kampfgetümmel im Mittelspiel anzuwendende Moral lautet: in gewonnener Stellung suche den Zug, der die Partie in der eindeutigsten Form beendet; in verlorener Stellung suche den Zug, der den längsten Widerstand leistet.

Lektion V

a) Der schwarze Zug 2....e7-e6 unterbricht die Schräge des Damenläufers (wir haben schon eine Zahl von Fällen gesehen, in denen ein Spieler den Bereich des Läufers beschränkt, indem er einen oder mehrere Bauern auf Punkte vorrückt, die von der Felderfarbe des Läufers sind). Das bedeutet nicht, daß der Läufer auf die Dauer eingesperrt bleibt. Ist Schwarz sich dieses Mangels in seiner Entwicklung bewußt, wird er später zu Unternehmungen schreiten, mit denen er ihn behebt. Ist Schwarz im unklaren über diese Gefahr, ist es durchaus möglich, daß der Läufer während der ganzen Partie wirkungslos bleibt.

Wie kann Schwarz sein Spiel befreien?
(Siehe Diagramm Seite 55)

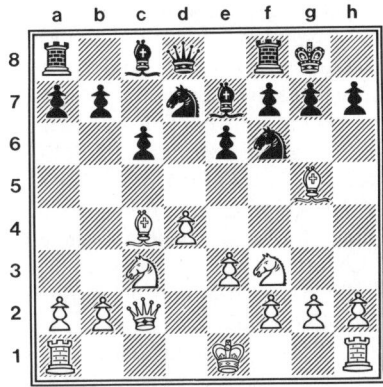

(Stellung nach 9.Ld3Xc4)

b) Bei der beengten Stellung von Schwarz haben seine Figuren qualitativ einen geringeren Wert als die weißen. Materialgleichheit ist nicht das einzige Merkmal: wenn die meisten schwarzen Figuren weniger Bewegungsfreiheit als ihre weißen Gegenspieler aufweisen, hat Schwarz die unterlegene Stellung. *Es ist daher für Schwarz ratsam, Abtausch anzustreben. Dabei wird er sich einiger schwach wirkender Figuren entledigen und dafür einige gutstehende weiße Offiziere erhalten. Umgekehrt sollte Weiß, der freier steht, danach streben, Abtausch so weit wie möglich zu vermeiden; jeder Tausch wird sehr wahrscheinlich den Grad größerer Beweglichkeit verringern.* Wenden wir diese allgemeinen Regeln auf diese Stellung an, sehen wir, daß Schwarz so spielen sollte: 9. . . . Sf6-d5 10.Lg5Xe7 (ein Abtausch ist auf keine Weise vermeidbar) 10. . . . Dd8Xe7 11.0—0 Sd5Xc3 12.Dc2

Xc3 b7-b6!, gefolgt von Lc8-b7 und c6-c5. Der Läufer erhält schließlich eine freie Diagonale.

Hätte Schwarz auf diese empfohlene Art fortgesetzt, hätte er zwei Figuren getauscht, seinen Läufer auf eine schöne Schräge gebracht und vollen Ausgleich in der Mitte erlangt. Man sollte nicht vergessen, daß die schwarze Stellung einen der Befreiungszüge c6-c5 oder e6-e5 erfordert, wenn sie nicht auf die Dauer verkrampft bleiben soll. Bedeutsam ist, daß jeder dieser Züge dem Schwarzen nicht nur Ausgleich in der Mitte verschafft und eine halboffene Linie für seine Türme (e- oder c-Linie), jeder dieser Züge ist auch eine *wesentliche Vorbereitung, um den Damenläufer zu „emanzipieren".*

c) Schwarz hätte sich noch immer mit Sf6-d5 befreien können.

d) Das ist weniger gut. Nicht nur fährt Schwarz fort, das Problem des schlechten Läufers zu vernachlässigen, er stellt außerdem den Springer an den Rand und mindert damit auch dessen Wirksamkeit.

Angezeigt war 11. . . .e6-e5 12.d4 Xe5 (Anm. d. Übers.: Die günstige, ungehemmte Entwicklung des Weißen läßt sich auf andere Weise ins Spiel bringen, wobei Weiß die Schwäche des Punktes f7 und die ungünstige Stellung der Dame auf der c-Linie zu einer wichtigen Stellungsverstärkung ausnützen kann, nämlich 12.Dc2-b3 Te8-f8 13.Tf1-e1 e5xd4 (e5-e4? 14.Sc3Xe4 Sf6Xe4 15.Lg5Xe7) 14 e3Xd4. Weiß ist voll

55

entwickelt, Schwarz noch längst nicht.)

12. ...Sd7Xe5 13.Sf3Xe5 Dc7Xe5. Falls dann 14.Lg5-f4, so 14. ...De5-c5! 15.Lc4-b3 Lc8-f5, oder 15.Lc4-d3 Lc8-e6, und in beiden Fällen hat Schwarz den Damenläufer schließlich wirkungsvoll herausgebracht.

e) 12.Sc3-e4 ist unrichtige Strategie, weil Weiß damit freiwillig Abtausch herbeiführt, und er sollte doch gerade alles tun, um Tauschgeschäften aus dem Weg zu gehen! Sein Vorgehen lindert einige der Übel, die das unüberlegte Spiel des Schwarzen verursacht hat. Der richtige Weg war 12.Sf3-e5. Der Springer besetzt ein wichtiges Mittelfeld, das der letzte schwarze Zug gerade freigegeben hat. Gut war auch 12.e3-e4 mit starker Zentralstellung.

f) Die Wirkung des 12. weißen Zuges war offensichtlich eine Erleichterung der gedrängten Stellung der schwarzen Figuren. Gleichwohl hat der schwarze Läufer noch immer keine Bewegungsfreiheit.

g) Die Züge auf beiden Seiten waren ziellos. Schwarz sollte 17. ...c6-c5!, einen wichtigen Befreiungszug, machen, um 18.d4Xc5 oder 18.Tc1 Xc5?? mit De7xc5 zu beantworten (Weiß darf den Punkt d1 nicht im Stich lassen). Weiß seinerseits sollte 17. ...Kg8-h8 mit 18.Td1-d2! beantworten, um *die Mattdrohung auf der Grundreihe* loszuwerden, denn auf d2 steht der Turm geschützt, so daß c6-c5 ausgeschaltet ist, weil die Dame nicht auf c5 zurücknehmen darf.

h) Schwarz konnte nicht 19. ...e6-e5? spielen wegen 20.d4Xe5 Td8Xd1 21.Tc1Xd1, und Sc6Xe5 wäre ein schwerer Fehler, weil nun die Grundreihe bei Schwarz schutzbedürftig ist, wie aus 22.Sf3Xe5 Dc7Xe5?? 23.Dg3Xe5 Te8Xe5 24.Td1-d8† nebst matt hervorgeht. Ohne weiteres spielbar war aber noch immer 19. ...c6-c5!, weil der Punkt d1 noch immer gefährdet ist (20.d4Xc5 De7Xc5!).

i) 21.Tc1-c5?? ist ein schrecklicher Fehler. Der Zug läßt 21. ...De7Xc5! zu.

j) 21.h2-h3 wäre nicht genügend, denn Schwarz würde noch immer zu 21. ...c6-c5 greifen, zum Beispiel 22.Tc1Xc5? De7Xc5 23.d4Xc5 Td8 Xd1† 24.Kg1-h2 Td1Xb1 und Weiß hätte zu viel Material für die Dame gegeben. Andererseits konnte Schwarz nach 21.h2-h3 nicht e6-e5? spielen wegen 22.d4Xe5 Td8Xd1† 23.Tc1Xd1 f6Xe5 24.Sf3Xe5! und wiederum hindert die Drohung des Turms, auf d8 einzudringen, den Schwarzen daran auf e5 zurückzuschlagen. Kurios, wie die Grundreihe in beiden Lagern anfällig ist.

k) Eine merkwürdige Halluzination! Schwarz sieht, daß er 21. ...e6-e5 ziehen darf, weil der d-Bauer gefesselt ist, und doch übersieht er, daß es genau diese Fesselung ist, die 21. ...De7Xc5! möglich macht. Mit anderen Worten: *Schwarz hat nicht gründlich genug nach dem besten Zug gesucht.*

l) Wie man sehen wird, vermeidet der so plausibel aussehende Textzug

Materialverlust nicht. Wäre Weiß nun endlich wegen der Gefahr, die ihm auf der ersten Reihe droht, alarmiert gewesen, hätte er den vorgepreschten Turm sicherer mit 22.b2-b4 gedeckt (oder den Tc5 nach c1 zurückgezogen). Auch in diesem Fall könnte Schwarz 22....e5Xd4 mit völlig befriedigender Stellung fortfahren.

m) Nun, da Schwarz mit Erfolg e6-e5 durchgesetzt hat (nicht wegen seiner eigenen Bemühungen, sondern wegen des schwachen weißen Spiels) hat er das Grundproblem seiner Stellung gelöst: Entwicklung des Läufers. Der Zug beweist ferner, daß es dem Weißen nicht gelungen ist, sein Grundziel, den befreienden Zug e6-e5 zurückzuhalten, zu erreichen.

n) Unter anderem ist nun klar geworden, daß das weiße Manöver De4-f4-g3 äußerst unbrauchbar war und sogar schädlich. Hätte er die Dame auf das mehr in der Mitte gelegene Feld c2 (18. Zug) zurückgezogen, wären seine Türme und die Grundreihe ausreichend gedeckt geblieben, *die Schwäche der ersten Reihe wäre ausgeschaltet* und der Zug c6-c5 praktisch auf Dauer verhindert.

o) 23.Sf3Xd4?? ist ein weiterer schrecklicher Fehler, den Schwarz diesmal voll ausbeutet. 23.e3Xd4 wäre etwas besser gewesen, obgleich Schwarz auch dann einen Bauern mit 23....Td8Xd4! erobert (24.Sf3 Xd4?? De7-e1† nebst matt).

p) Natürlich darf der Turm nicht geschlagen werden wegen 24....De7-e1†, gefolgt von matt.

q) Schwarz hat einen viel stärkeren Zug als 25....Td4-a4, nämlich 25....De7Xc5! (wieder die Grundreihe!).

ZUSAMMENFASSUNG: Beide Spieler vernachlässigten die angezeigte Strategie (für Weiß Verhinderung der befreienden Vorstöße c6-c5 oder e6-e5, für Schwarz die Bemühung, diese Vorstöße zu erzwingen). Es gelang Schwarz schließlich, e6-e5 durchzusetzen dank der Sorglosigkeit des Weißen, der sich gefährlichen Mattdrohungen auf der Grundreihe aussetzte.

Lektion VI

a) 2....Dd8Xd5 ist der normale Zug, doch dies erlaubt dem Weißen Zeit zu gewinnen, indem er die Dame mit 3.Sb1-c3 angreift. Darum nimmt Schwarz zu dem Springerzug Zuflucht, obwohl mit ihm die Einbuße eines Bauern verbunden sein mag.

b) Der Textzug kann leicht schlecht ausgehen, wenn Weiß sich an den gewonnenen Bauern klammert, wie wir sehen werden. Anstatt zu versuchen, den Bauern festzuhalten, verfügt Weiß über zwei Verfahren die vorzuziehen sind: 3.d2-d4 Sf6Xd5 4.c2-c4 mit freier Entwicklung, wobei er den Besitz des Bauern ignoriert, oder er kann ebenfalls auf freie Entwicklung spielen und den

Bauern nur unter Zeitverlust für Schwarz wieder hergeben, nämlich 3.Lf1-b5† Lc8-d7 4.Lb5-c4! Ld7-g4 5.f2-f3 Lg4-f5 6.Sb1-c3 Sb8-d7 7.Sg1-e2 Sd7-b6 8.d2-d3 Sb6Xd5 9.Se2-g3 Lf5-g6 10.f3-f4 e7-e6 11.0—0, gefolgt von Dd1-f3 mit sehr überlegener Entwicklung für Weiß.
Wie Sie feststellen, wäre Weiß in keinem dieser Abspiele mit irgendeiner Stellungsschwäche belastet gewesen.

Welches sind die Schwächen im weißen Spiel?

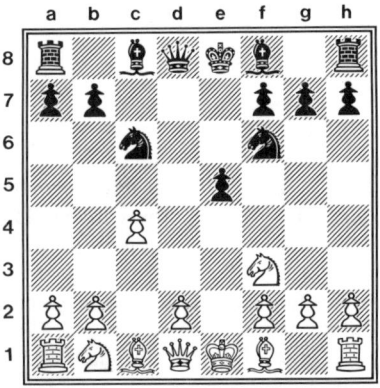

(Stellung nach 5. . . .e7-e5)

c) Schwarz besitzt zwei Arten von Gegenwert für den Bauern. Erstens ist er in der Entwicklung voraus; aber das bedeutet für sich genommen noch nicht viel. Sehr oft kann ein Spieler, der ein spekulatives Opfer annimmt, die Entfaltung seiner Figuren fortführen, bis er einen Punkt erreicht, an dem sein ursprünglicher Entwicklungsnachteil aufgeholt ist.

Der zweite Vorteil des Schwarzen ist darum der bedeutendere. Als Ergebnis des weißen dritten und schwarzen fünften Zuges ist der weiße d-Bauer rückständig geworden, und der Punkt d4 ist ein „Loch". Diese Nachteile sind dauerhaft und von einer so ernsthaften Art, daß sie den Weißen zu einer dauerhaften Einbuße der Initiative und zu rein passivem Verhalten verurteilen. Bei einer Langzeit-Perspektive dieser Art ist es klar, daß: 1. Weiß den Schwarzen nie in der Entwicklung überholen kann, weil die weißen Figuren niemals genügend Spielraum zu erlangen vermögen; 2. wenn die Wirkung auf die weiße Bauernstellung, auf seine Entwicklung und auf seine allgemeinen Aussichten so weitreichend ist, *hätte Weiß vorhersehen sollen, welche schädigende Wirkung auf seine Partie von der Annahme des Bauern im vierten Zug ausgehen würde!*

Sehr wahrscheinlich hätte er dieses Ergebnis vorhergesehen, wäre er mit der Schwäche rückständiger Bauern und dem Nachteil von „Löchern" vertraut gewesen. Ein *rückständiger Bauer* ist einer, dessen Nachbarbauern vorgerückt sind und der auf einer offenen Linie steht. Einerseits ist dieser Bauer feindlichem Druck ausgesetzt, andererseits hat er seinen natürlichsten Schutz, den eines Bauern, verloren; *er muß von Figuren geschützt werden.* Ein *Loch* ist ähnlich einem Feld, das nicht mehr von auf den Nachbarlinien befindlichen Bauern gedeckt werden kann, weil diese Bauern vorgerückt sind und die Herrschaft über das fragliche Feld eingebüßt haben. Natürlich ist ein solches Feld ein sehr starker Punkt für den Gegner, den er beherrschen oder besetzen kann und es ist eine außerordentlich mühsame – jedoch notwendige! – Aufgabe, dieses Feld mit den eigenen Figuren zu kontrollieren.

Wir sehen also, daß das Loch d4 und der rückständige d-Bauer den Weißen gleich von Anfang an mit ernsten Verteidigungsaufgaben belasten.

d) 7....Lc5Xe3 8.f2Xe3 Dd8-b6 9.Dd1-d2 wäre schwächer für Schwarz gewesen. Er hätte die Wirksamkeit der weißen Figuren erhöht, indem er ihm die f-Linie öffnet, und er hätte die weißen Schwierigkeiten verringert, indem er den f-Bauern nach e3 bugsiert, wo er das Feld d4 schützt, so daß dieser Punkt nicht mehr als Loch zu betrachten und für die schwarzen Figuren nicht mehr zugänglich ist.

e) Natürlich spielt Schwarz Lc8-f5, um Druck auf den kränkelnden d-Bauern auszuüben.

f) 10....Ta8-d8 verschärft den Druck. Es wird sich lohnen, die Bemerkungen zum fünften Zug von Schwarz noch einmal zu lesen. Der beste Zug von Weiß ist jetzt 11.Dd1-b1; es ist ein trauriger „bester".

g) Während zwar 12.d3-d4 besser als der geschehene Zug gewesen wä-re, bliebe das weiße Spiel noch immer schwach. Die einfachste unter mehreren guten Varianten scheint 12....Dc5-e7 13.Sf3-e1 Sc6Xd4 mit schöner Initiative zu sein.

h) 12....e4Xd3 wäre verfrüht wegen 13.Le2Xd3 Sc6-b4 14.Dd1-e2†, und Weiß hat sich aus der Fesselung herausgewunden. Mit anderen Worten, Schwarz wirft sich nicht blindlings in ein Unternehmen, das vorteilhaft *aussieht,* er rechnet sorgfältig und sucht nach unvorhergesehenen Möglichkeiten.

i) Weiß ist die Fesselung auf der d-Linie losgeworden, nur um sich in eine ebenso schlimme Fesselung auf der Schrägen zu begeben!

j) Wenn 16.Sd3-e5, so 16....Dc4-e6! (am besten) 17.Se5-d3 (erzwungen) De6-d6! 18.Tf1-d1 (erzwungen) Sf6-g4! 19.g2-g3 (wenn 19.f2-f4 Dd6-d4† und gewinnt) 19.... Dd6-h6 20.h2-h4 Sc6-e5 und Schwarz hat einen siegreichen Angriff. (Anm. d. Übers.: 21.Sd3Xe5 Lf5Xb1 22.Se5Xg4 Dh6-g6 23.Sg4-e5 leistet Widerstand. Darum empfiehlt sich 20....Sc6-b4 (21.Sd3 Xb4 Lf5Xb1 22.Ta1Xb1 Sg4Xf2 23.Kg1Xf2 Dh6-b6† mit leichtem Gewinn).

k) Verhältnismäßig besser wäre 18. Db1-c1 gewesen, wonach er sich mit dem materiellen Nachteil von Turm gegen zwei Figuren abfinden müßte. In diesem Falle wäre er jedenfalls in der Lage gewesen, noch eine Zeitlang weiterzuspielen, während nach dem geschehenen Zug alles vorbei ist.

l) Wenn 20.Td3-f3, so Df4Xh2†
mindestens mit Damengewinn.

*ZUSAMMENFASSUNG: Diese
Partie zeigt die Kraft von beharr-
licher, kraftvoller Entwicklung, verbunden mit andauerndem Druck gegen eine Stellungsschwäche.*

Lektion VII

a) Auf 6.Sd4Xc6 antwortet Schwarz
6....d7Xc6!, gefolgt von 7....e6-
e5 mit leichter Entwicklung.
b) Auf 7.e4Xd5 würde Schwarz
e6Xd5 antworten mit freiem Figu-
renspiel.
Weniger gut wäre nach 7.e4Xd5 die
Antwort 7....Sc6Xd4 8.Le3Xd4
Dd8Xd5. Weiß antwortet einfach
9.0—0 (auf 9.Ld4Xf6 schaltet
Schwarz nicht 9....Dd5Xg2? ein
wegen 10.Ld3-b5† nebst matt, sondern erwidert 9....g7Xf6 mit gutem
Spiel). Nun darf Schwarz auf keinen
Fall 9....Dd5Xd4 spielen, weil das
nach 10. Ld3-b5† die Dame kosten
würde.
Diesen Typ der indirekten Verteidigung sieht man oft. Sie ist häufig eine
nützliche Art, Zeitverlust zu vermeiden.
c) Wenn 8.e4-e5 Sf6-d7 9.f2-f4, so
kann Schwarz nun Lc8-a6! (10.
Ld3Xa6 Dd8-a5†) erwidern. Indem
er diesen Läufertausch herbeiführt,
erreicht Schwarz doppelte Wirkung:
er entfernt den starken weißen
Königsläufer vom Brett, der zum
Angriff wunderbar postiert ist, und
er wird seinen Damenläufer los, der
wahrscheinlich ohne rechte Wirkung
bleiben wird, weil sein Bereich durch
schwarze Bauern auf weißen Feldern
behindert wird.
d) 8....h7-h6? ist offensichtlich gespielt worden, um die Fesselung des
Springers durch Le3-g5 zu vermeiden. Der Zug ist jedoch vollkommen
überflüssig, zumal Schwarz je stets
Lf8-e7 bereit hält. Ein weiterer
Nachteil von h7-h6 besteht darin,
daß der Zug eine *Angriffsmarke* gibt,
die dem Gegner erleichtert, die g-
Linie zu öffnen, so daß ein Bauernsturm am Königsflügel nicht ins
Leere stößt. Darum wäre es besser
gewesen, sich des Zuges h7-h6 zu
enthalten.
e) Mit 8....e6-e5! hätte Schwarz ein
schönes Spiel erhalten: ein beherr-
schendes Zentrum und gute Diagonalen für die Läufer. Im Falle seines
Damenläufers wäre der Wirkungsbereich erheblich gesteigert worden,
weil der e-Bauer von einem weißen
Feld (e6) auf ein schwarzes (e5) ge-
wechselt wäre. Weiß erwidert 9.f3.
f) Weiß rückt natürlich seinen f-
Bauern vor, um e6-e5 zu verhindern.
g) Schwarz spielt 9....Lf8-b4, weil
er daran denkt, den Läufer eventuell
mit Lb4-a5-b6 abzutauschen. Dabei
geht aber viel Zeit verloren und in
jedem Falle wird dem Schwarzen der
,,schlechte'' Läufer übrig bleiben.
Aus diesen Gründen war das einfache 9....Lf8-e7 richtig.
h) Der Zug 8....h7-h6?, der den
Bauern zur Angriffsmarke machte,

forderte den Weißen heraus, einen Bauernsturm mit g2-g4-g5 zu versuchen. Wie sich zeigt, sollte dieser Angriff keinen Erfolg haben, weil Weiß nicht genügend Figuren für den entscheidenden Anfall zur Verfügung hat; gleichwohl sollte Schwarz sich nicht mit dem Vorstoß des h-Bauern in Gefahr begeben haben.

i) Im Hinblick auf die neue Politik, die Weiß gerade eingeleitet hat, erscheint dieses vereinfachende Manöver in einem günstigeren Licht. 1. befand sich der schwarze Läufer außer Spiel und es ist daher vorteilhaft, ihn zu tauschen, und 2., ebenso wie im Falle einer beengten Stellung, *besteht eine der besten Methoden, einen Angriff zu entschärfen, im Abtausch, damit die feindlichen Angriffskräfte verringert werden.*

j) 14.g4-g5 wäre verfrüht wegen 14. . . .h6Xg5 15.Df3-h5 f7-f5 und Weiß hat keine gute Angriffsfortsetzung (16.e5Xf6 e.p. Sd7Xf6). Falls 15.Le3Xb6 Dd8Xb6 16.Df3-h5, so folgt die Widerlegung Db6-e3†.

k) 14. . . .f7-f6! öffnet die Stellung zum Gegenangriff. Es wird bald klar, daß Weiß seine Möglichkeiten zu früh überzogen hat.

l) Wenn 15.e5Xf6 Tf8Xf6, so hat Schwarz eine schöne Partie, denn er droht einen kräftigen Gegenangriff mit e6-e5. Falls dann 16.Df3-g3 Dd8-f8, um 17.g4-g5 mit h6Xg5 18. f4Xg5 Tf6-f3 zu beantworten.

m) Viel klarer und einfacher ist 16. . . .g5Xf4, und der weiße Angriff ist vorbei; 17.Le3Xb6 a7Xb6 18.

Dh5-g6? Sd7Xe5 19.Dg6-h7† Kg8-f7 und Weiß steht schlecht.

Wie der Angreifer die unaufwendigste Gewinnmethode suchen muß, sollte der Verteidiger versuchen, den Angriff so früh wie möglich zurückzuschlagen.

Der Kummer mit übermäßig verwickelten und „fast ebenso guten" Verteidigungszügen ist, daß sie, wenn sie den Überfall nicht unmittelbar zurückschlagen, ein Schlupfloch für einen späteren „Schwindel" offen lassen, der neue Probleme verursacht.

n) 17.Dh5-g6 ist sinnlos, weil Schwarz einfach Zeit gewinnt mit 17. . . .Sd7-f8. Oder 17.f4Xg5 Tf7 Xf1† 18.Tg1Xf1 Lb6Xe3 19.Dh5-g6 (oder 19.Dh5-f7† Kg8-h8 20.Df7-g6 Dd8-g8).

o) 20. . . .g7Xh6 war der richtige Zug.

Bevor wir ihn analysieren, stellen wir fest, daß Schwarz jede Möglichkeit eines Angriffs mit 16 . . . .g5Xf4 abschlagen konnte.

Nach 20. . . .g7Xh6 gehen dem Weißen bald die Schachgebote aus: 21. Dh5-g6† Kg8-f8 22.Dg6Xh6† Kf8-e8! 23.Ld3-g6† Ke8-d8 24.Dh6X g5† Kd8-c7 und der schwarze König steht vollkommen sicher, zumal 25. Dg5Xf4 mit Db6Xg1† beantwortet wird. Doch der unerfahrene Spieler ist, wie sich oft gezeigt hat, nicht geneigt, eine Handvoll Schachgebote zuzulassen und wählt lieber eine andere Variante. Die Gewinnwege sind nun jedoch schwerer zu finden.

Wie kann Schwarz seinen Angriff entscheidend verstärken?

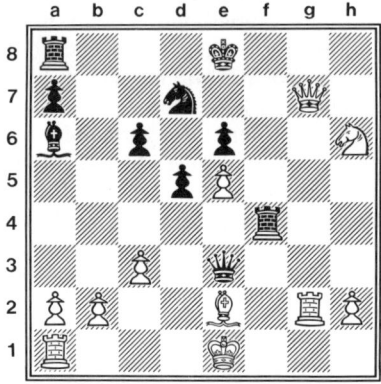

(Stellung nach 24.Tg1-g2)

p) Der richtige Zug war 24.... Sd7Xe5! Das wäre viel stärker als der Textzug (24....Tf4-e4), und zwar aus zwei Gründen: 1. der Turm dient auf der f-Linie zwei Zwecken, *dem Angriff und der Verteidigung;* 2. 24....Sd7Xe5 bringt neue Kräfte in den Angriff ein.

Um zu sehen, wie diese allgemeinen Regeln auf die vorliegende Stellung anwendbar sind, bemerken wir, daß nach 24.....Sd7Xe5 die Drohung 25....Se5-f3† 26.Ke1-f1 Sf3-d2†† 27.Kf1-e1 Tf4-f1⧺ auftaucht (das gleiche käme auch auf 25.Ta1-d1 oder ähnliche Züge). Nicht besser wäre 25.Ke1-d1 La6Xe2† 26. Tg2Xe2 Tf4-f1†, oder 25.Dg7-g8† Ke8-d7! und so fort.

q) Die Tatsache, daß 26.Dg7-f7† möglich geworden ist, zeigt, wie

schwach der Zug 24....Tf4-e4 gewesen ist. Der Springer, der den Angriff entscheidend verstärkt haben sollte, geht elend zugrunde.

r) 28....La6Xe2 genügt nicht zur Rettung der Partie. Es folgt: 29.Tg2-g7† Kc7-b6 30.Da8Xa7† Kb6-b5 31.Tg7-b7† (31.Da7Xe3 genügt natürlich auch) 31....Kb5-c4 32.Da7-a6† Kc4-c5 33.b2-b4† Te4Xb4 34. Da6-a7† Kc6-c4 35.Da7Xe3.

ZUSAMMENFASSUNG: Diese Partie lehrt eine wertvolle Lektion über die Notwendigkeit, die gründlichste Verteidigung zu finden. Verwickelte Verteidigungen schlagen oft gegen ihr eigenes Ziel aus. Schwarz versäumt (mehrmals), den feindlichen Angriff endgültig abzuschlagen, indem er „interessante" Abspiele anstrebte.

Lektion VIII

a) 5.0—0 ist unternehmungslustiger, weil die Wahl eines späteren d2-d4 offen bleibt. Falls Schwarz einmal e5Xd4 spielt, verhilft er den weißen Figuren zu größerer Bewegungsfreiheit. Deckt Schwarz seinen e-Bauern mit d7-d6, dann *muß er ein bestimmtes Maß an Einschränkung in Kauf nehmen,* die sehr wahrscheinlich zu einem dauernden beengten Spiel führen wird.

Schwarz steht etwas beengt

(Siehe Diagramm Seite 63 oben)

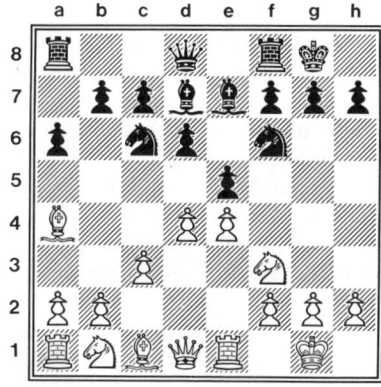

Schwarz hat ein ziemlich freies Spiel

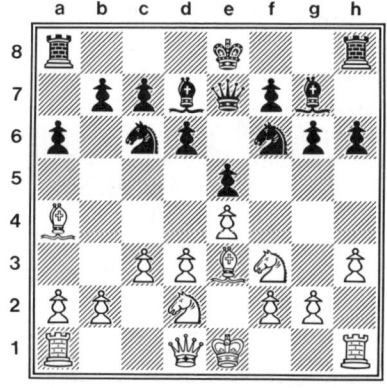

(Falls 5. . . .Sf6Xe4 als Antwort auf 5.0—0 geschieht, folgt 6.d2-d4 und Weiß erobert den Bauern zurück, denn es wäre zu gewagt, 6. . . .e5Xd4 folgen zu lassen wegen der damit ermöglichten Fesselung 7.Tf1-e1.)

Mit 5.d2-d3 hat Weiß sich endgültig entschieden und gleichzeitig im höheren Sinn die Führung abgegeben,

weil Schwarz ein weites Feld zur Auswahl hat und keinem nennenswerten Druck ausgesetzt ist. (Anm. d. Übers.: Zu beachten ist, daß der schwarze Bauer e5 jetzt nach Tausch auf c6 geschlagen zu werden droht, so daß die Antwort fast erzwungen ist. Weiß verfügt außerdem über die Möglichkeit, zu einem günstigen Zeitpunkt auf d3-d4 zurückzugreifen.)

b) Nach 6.c2-c3 ist dem weißen Damenspringer das Feld genommen (c3), das im allgemeinen das geeignetste für ihn ist. (Sie werden sich erinnern, daß Springer am wirkungsvollsten sind, wenn sie im oder nahe dem Zentrum stehen, und in diesem Sinn ist ein Springer auf d2 nicht so gut postiert wie auf c3. Dazu kommt, daß er auf d2 häufig den Damenläufer verstellt.) Sicher plant Weiß das Manöver Sb1-d2-f1-g3, das sich in dieser Eröffnung oft als stark erwiesen hat; aber eine solche langwierige Umgruppierung *muß von einem Druck begleitet sein, der nicht leicht abzuschütteln ist.* Wenn beide Spieler, was die Entwicklung betrifft, auf ziemlich gleichem Fuß beginnen, ist anzunehmen, daß das Drei-Züge-Manöver mit dem Springer dem Schwarzen Zeit geben wird, auch seine eigene Stellung zu verbessern.

c) Die Flankenentwicklung ist für Schwarz von mehreren Gesichtspunkten aus nützlich:
1. Geht der Läufer nach e7, steht er den schwarzen Figuren im Weg. . . Dd8-e7 ist verhindert, so daß es schwierig ist, einen Damenzug zu

machen der die Verbindung zwischen den schwarzen Türmen herstellt. Außerdem ist das wünschenswerte Manöver Tf8-e8, gefolgt von Le7-f8, g7-g6 und Lf8-g7, das oft in der Spanischen Partie zu sehen ist, lediglich eine gekünstelte, weil Zeit kostende Abart der direkten Flankenentwicklung. (Anm. d. Übers.: Für Lf8-e7 spricht, daß Schwarz sich die künftige Gestaltung seines Spiels vorbehält, so daß sich der Gegner nicht so leicht darauf einstellen kann.)

2. Der Königsläufer steht auf g7 wirkungsvoller als auf e7, weil er auf e7 eine rein passive Aufgabe hat und von dem Bauern auf d6 gehemmt wird, während er auf g7 eine vielversprechende Zukunft hat, obwohl er auch dort, unbestritten, von einem Bauern auf e5 gehemmt wird. Es besteht eine versteckte Wahrscheinlichkeit einer Aktivität entlang der Schrägen, zum Beispiel in dem Fall, daß es einem der Spieler gelingt, den Vorstoß seines Damenbauern ins Zentrum durchzusetzen. *In diesem Fall wird das Zentrum beweglich,* und der Königsläufer wird eine wichtige Rolle spielen.

d) Ein weiterer Vorteil der Flankenentwicklung besteht darin, daß der Zug g7-g6 den weißen Springer, wenn er auf g3 angelangt ist, daran hindert, nach f5 zu kommen (nach Sb1-d2-f1-g3). So wird dieses Manöver, das als die beste Entwicklung des Springers gilt, schon von Anfang an zwecklos.

Fazit: Erinnern wir uns, was wir bereits über *den überragenden Einfluß des Bauerngerüsts auf die Gestaltung des Spiels* vom Anfang der Partie an gelernt haben, erkennen wir, wie schon in diesem frühen Stand die Auseinandersetzung durch den schwarzen Aufbau mit g7-g6 beeinflußt worden ist.

e) 7.h2-h3 ist vermutlich gespielt worden, um Lc8-g4 zu verhindern (einen zwecklosen Zug) oder um einen Bauernsturm am Königsflügel mit g2-g4 vorzubereiten. Es scheint jedoch nicht, daß ein solcher Angriff die Wahrscheinlichkeit des Erfolges für sich hat, weil es der weißen Stellung erkennbar an dynamischen, unternehmungslustigen Plänen mangelt.

Es gibt schließlich einen zusätzlichen Grund (und das ist „zufällig" der richtige!), daß Weiß Lc1-e3 zu spielen wünscht, ohne von Sf6-g4 belästigt zu werden. Weil die Stellung nicht mehr als ebenbürtig ist, möchte Weiß dem Gegner nicht den Vorteil des Läuferpaars zugestehen, besonders im Hinblick auf die geringen Beschäftigungsmöglichkeiten, die die Zukunft den beiden Springern zu bieten hat.

f) Sie werden sich erinnern, daß in der Anmerkung zum 6. Zug von Schwarz gesagt worden ist, einer der Vorteile des Zuges g7-g6 sei der, das Feld e7 für die Dame offenzuhalten. Steht die Dame auf e7, wird der Be5 zusätzlich von der Dame geschützt, so daß eventuell der wichtige Befreiungsvorstoß d6-d5 ausgeführt werden kann.

q) 11.La4-c2 hat offenbar den Zweck, zusätzlich den Be4 zu schützen, so daß d3-d4 ermöglicht wird. Sehen Sie, wie alles dies uns etwas über die frühere weiße Strategie erzählt? Erstens *strebt er nun danach,* was er im ersten Teil der Partie *mühelos* hätte haben können (d2-d4)!

Zweitens ist der Textzug zwecklos, weil Schwarz bereits seine Absicht gezeigt hat, den d-Bauern vorzurükken, so daß die Chancen von Weiß, *seinen* d-Bauern vorzurücken, vereitelt werden. Es wäre darum relativ am besten gewesen, „in die Sicherheit" zu rochieren und den Königsturm ins Spiel zu bringen. All das sollte, nebenbei gesagt, schon vor einiger Zeit erledigt worden sein.

h) Der schwarze Zug d6-d5 geschieht gerade rechtzeitig, weil, wie angedeutet, Weiß dabei war, den Bauern nach d4 vorzurücken und einen defensiven Aufbau des schwarzen Bauernzentrums zu erzwingen.

i) 12.b2-b4? erfolgt in der ziemlich primitiven Absicht, Schwarz an der kurzen Rochade zu hindern (er verlöre wegen Le3-c5 die Qualität). Daß 12.b2-b4? jedoch ein schwerer Fehler ist, zeigt die folgende kraftvolle Erwiderung von Schwarz. Der theoretische Grund für die Minderwertigkeit von 12.b2-b4? ist dieser: in geschlossenen Stellungen (jenen, in denen es wahrscheinlich nicht zu einer gegenseitigen gewaltsamen Berührung der Bauern kommen wird) ist es möglich, die Rochade aufzuschieben oder sogar vollständig zu unterlassen; sobald aber der Kontakt zwischen den gegnerischen Streitkräften auf den wichtigen Mittelfeldern hergestellt ist (11....d6-d5!), folgt daraus, daß der weiße König wegen seiner Stellung im Zentrum *indirekten Drohungen ausgesetzt* ist.

Man möchte fragen: Ist der schwarze König nicht gleichfalls in Gefahr? Die Antwort lautet: Nein, denn Schwarz hat hier die Führung. Die weiße Stellung ist so passiv, daß ihm die geringste Möglichkeit fehlt, die Stellung des schwarzen Königs auszunützen.

Aus all dem schließen wir, daß Weiß 12.0—0 gezogen haben sollte. Er hätte nach 12....0—0 die schwächere Stellung, wäre jedoch jedenfalls nicht direkten Drohungen ausgesetzt, von denen er nun heimgesucht wird.

j) 16.Ld4Xg7 sieht plausibel aus. Auf 16....Se4-c3† 17.Ke1-f1 Sc3Xd1 18.Lg7Xh8 hätte der schwarze Springer kein Fluchtfeld. Schwarz gewinnt jedoch leicht mit 18....f7-f6, gefolgt von 0—0—0. Sogar in dieser Stellung sehen wir, wie schwerfällig Weiß seine Figuren angeordnet hat. (Anm. d. Übers.: Mit 17.Sd2-e4! Sc3Xd1 18.Lg7-f6 De7Xb4† 19.Ke1Xd1 hätte Weiß gewisse Verteidigungschancen, weil 19....0—0 nicht ratsam wäre wegen 20.Ta1-b1 Db4-a5 21.Lf6-c3 Da5-f5 22.Se4-f6†, gefolgt von Sf6Xd7†. Auf 19....Th8-f8 kann 20.Lf6-c3 Db4-a3 21.Se4-f6† Ke8-d8! (Ke8-e7? 22.Lc3-b4†!) 22.Kd1-d2 geschehen, und Schwarz muß noch sehr genau spielen, weil seine Türme vorläufig ganz außer Spiel sind.)

k) Nun wird klar, daß Weiß ein schweres Versehen beging, als er von der Gelegenheit zur Rochade keinen Gebrauch machte. Natürlich unterstreicht das Spiel seit dem 12. Zug, daß Weiß einen Fehler beging, als er mit 5.d2-d3 in der Mitte freiwillig auf die Initiative verzichtete.

l) Weiß fürchtete Ta8-d8 in Verbindung mit Ld7-b5, das tödlichen Nutzen aus der unrochierten Stellung des weißen Königs ziehen würde. Einmal mehr beweist der Lauf der Partie, wie schwer Weiß irrte, indem er nicht rechtzeitig rochierte.

m) 18.0—0 reicht nicht wegen 18....Ld7-b5 19.Tf1-e1 Ta8-d8 und Schwarz gewinnt. Wir sehen wieder, in welche fürchterliche Klemme sein Spiel den Weißen gebracht hat (Schwarz ist am weißen Bb4 nicht gelegen, weil ihm weit wichtigere Dinge angelegen sind).

n) Der Zweck von 19....Ta8-d8 ist natürlich, Druck auf der d-Linie auszuüben, der in Zusammenhang mit der mächtigen Stellung des schwarzen Königsläufers den Weißen in unauflösbare Schwierigkeiten stürzen wird. Im Augenblick droht Schwarz 20....Ld7Xh3...

o) 19....0—0—0 wäre stärker gewesen, *weil die Rochade die beiden Türme zur Wirkung auf den Mittellinien bringt,* und zwar schneller als der Textzug. Es gab in Zusammenhang mit der langen Rochade keine

möglichen Gefahrenmomente, und auf manche Weise wäre der Angriff noch verstärkt worden; zum Beispiel wäre auf 20.Dd1-c2 oder 20.Dd1-e2 die Antwort Ld7-b5 unmittelbar entscheidend gewesen, weil Weiß auf b5 nicht mit Schachgebot schlagen kann (wie es auf den Textzug geschähe).

Kann man etwas gegen 21....Lc3-d4 tun?

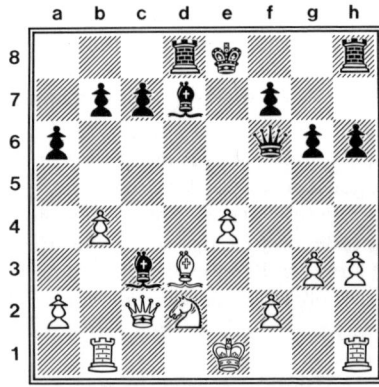

(Stellung nach 20....Dg5-f6)

p) Weiß wäre nach 21.Ke1-e2 oder 21.f2-f4 in einer schlimmen Lage mit seinem König, der im Zentrum vollkommen entblößt dasteht. Nach 21.Ke1-e2 folgt 21....0—0 (Beachten Sie wiederum, daß Schwarz, hätte er 19....0—0—0 gespielt, nun das sofort entscheidende 21....Ld7-b5 zur Verfügung gehabt hätte!) 22.Sd2-f3 (es drohte wieder Ld7-b5 mit mörderischer Wirkung, 22....Ld7-c6, gefolgt von

Th8-e8 und Schwarz gewinnt schnell: sein Druck auf den Mittellinien gegen den weißen König ist unwiderstehlich.

Falls 21.f2-f4, so Ld7-b5 (weniger gut ist 21. . . .Lc3Xd2† 22.Dc2Xd2 Ld7-b5 23.Ld3Xb5† und so fort); 22.Ld3Xb5† (falls 22.e4-e5, so Lb5Xd3 und gewinnt) 22. . . .a6Xb5 und Weiß hat ein verlorenes Spiel: a) 23.Th1-h2 Df6-d4 und gewinnt; b) 23.e4-e5 Lc3Xd2† 24.Dc2Xd2 Df6-c6 25.Dd2-h2 Dc6-e4† und gewinnt; c) 23.Tb1-d1 Df6-d4 und erobert den Bauern b4, denn falls 24.a2-a3, so gewinnt Dd4-e3†.

Diese Varianten betonen, welch formidabler Fehler es war, daß Weiß nicht rechtzeitig rochiert hat.

q) Nach 22.Tb3-b1 Df6Xf2† 23. Ke1-d1 Df2Xg3 bricht das weiße Spiel zusammen (bloßgestellter König, zwei Bauern weniger, die ganze Stellung hoffnungslos durcheinandergebracht).

r) Die Nachteile eines solchen Springerzuges liegen darin, daß ein weit vorgepreschter Springer seinen Rückzug abgeschnitten finden kann *(oder daß er lange Zeit außer Spiel gehalten werden kann, weil er nicht in der Lage ist eine nützliche Rolle zu spielen).* In der gegenwärtigen Stellung zum Beispiel hat der Springer keinen Rückzug im Falle von 28. . . . Td8-d6 und muß mit Lc2-e4 geschützt werden. Schwarz wählt jedoch eine andere Spielweise, weil es für seine Zwecke ausreicht, daß der Springer sich außer Spiel befindet. Nötig wäre 28.Sa5-b3 gewesen.

s) Falls 30.Kg1-g2, so Te8-e3!, gefolgt von Te3-c3, und der Springer ist übel daran (falls 31.Tf1-c1, so Te3-e2 32. Tc1-f1 b6-b5 33.Sc6-a5 Lf6-e7 34.a2-a3 c7-c5 und gewinnt). Oder 30.a2-a4 Te8-e4 31.b4-b5 a6-a5, gefolgt von Lf6-g7-f8-c5 und gewinnt. Der schwarze materielle und stellungsmäßige Vorteil muß sich immer bemerkbar machen.

ZUSAMMENFASSUNG: Das weiße Spiel bestand nur aus einer „Scheinentwicklung". Es genügt nicht, die Figuren schnell herauszubringen; sie müssen mit Voraussicht entwickelt werden, mit einem Auge für ihre zukünftige Verwendung. Vor allem: die Rochade ist fast immer ein wichtiger Entwicklungszug. Daß Weiß die Rochade ausließ, verwandelte eine farblose und mittelmäßige – aber zweifellos spielbare – Stellung in ein hoffnungsloses Durcheinander.

Lektion IX

a) Weiß droht nach seinem letzten Zug, eine beherrschende, um nicht zu sagen überwältigende Stellung in der Mitte mit e2-e4 einzunehmen. Die übliche Methode, diese Drohung zu parieren, besteht in 3. . . .d7-d5 *(Besetzung der Mitte).* Aber indem er den weißen Damenspringer fesselt, erreicht Schwarz das gleiche Vorhaben (e2-e4 zu verhindern) *nicht mit Besetzung der Mitte, sondern durch ihre Kontrolle.* Und natürlich behält sich Schwarz vor, ob er später das Zentrum besetzen wird, falls das wünschenswert erscheint.

b) Weiß möchte die Lage sofort klären, um die Fesselung loszuwerden. Ein möglicher Nachteil besteht darin, daß der Doppelbauer später zur *Schwäche* wird. Der weiße Bauer auf c4 zum Beispiel ist unbeholfen und leicht einem Druck zu unterwerfen (zum Beispiel durch späteres Sb8-c6-a5 im Zusammenhang mit b7-b6 und Lc8-a6).

c) 5. . . .c7-c5 hat eine Anzahl von Absichten: 1. der Bauer hält den weißen Bauern c4 fest, so daß er zur rechten Zeit angegriffen werden kann; 2. es ergibt sich nun die Möglichkeit, den Druck gegen den weißen Doppelbauern mittels eines Linienangriffs zu erhöhen (indem der schwarze Turm nach c8 gebracht wird); 3. der kräftige Gegenangriff Dd8-a5 wird ermöglicht.

d) Wenn 5. . . .Sf6-e4, so ist 6.Sg1-f3 tatsächlich spielbar, denn 6. . . . Se4Xc3 7.Dd1-c2 kostet den Springer.

e) 6.f2-f3 hat den doppelten Zweck, e2-e4 vorzubereiten und auch Sf6-e4 zu verhindern. Wie wichtig das ist, geht aus 6.Lc1-g5? Dd8-a5! 7. Dd1-c2 (7.Lg5Xf6? Da5Xc3† und so fort) hervor. Es folgt 7 . . . .Sf6-e4 mit sehr schöner Initiative für Schwarz.

f) Wie schon unter e) erwähnt, ist 6.Lc1-g5 wegen Dd8-a5 zwecklos.

g) Weiß darf nicht 8.e2-e4? spielen wegen 8. . . .Sd5Xc3 9.Dd1-c2 c5Xd4. Wenn 8.c3-c4?, so Sd5-c3!, gefolgt von c5Xd4.

Das gibt uns einen wertvollen Einblick in die Stellung. Obwohl Weiß den lästigen Doppelbauern losgeworden ist, muß er noch immer mit Sorgfalt vorgehen, weil *sein Zentrum wacklig ist,* und ein hastiger Vorstoß mag den sofortigen Zusammenbruch eines Aufbaus herbeiführen, der augenblicklich (bedenkt man die Unvermeidlichkeit von e2-e4) so eindrucksvoll anzusehen ist.

h) Schwarz kann nicht 8. . . .c5Xd4 9.c3Xd4 Dd8-h4† 10.g2-g3 Dh4Xd4 spielen, weil der Läufer auf c8 mit Schachgebot geschlagen zu werden droht.

i) 10.e4-e5 *würde den Weißen zu stark in der Mitte binden.* Es würde folgen 10. . . .Sf6-d5 mit starkem Druck auf die geplagte weiße Mitte. Falls dann 11.Lc1-b2 (ein scheußliches Feld für einen Läufer!) 11. . . . Dd8-a5 (Sd5-e3 ist ebenfalls gut) 12.Dc2-d2, gefolgt von Lc8-d7 und die Initiative des Schwarzen entwickelt sich von selbst. Oder 10. d4Xc5 Dd8-a5 11.Lc1-e3 Sf6-d7 und Schwarz erobert den Bauern mit schönem Spiel und Druck gegen den Bauern c3 − *einen vereinzelten Bauern auf einer offenen Linie −* zurück.

j) Es wäre verheerend für Schwarz, nun einen Bauern mit 10. . . .c5Xd4 11.c3Xd4 Dd8Xd4? zu erobern wegen 12.Lb5Xc6† b7Xc6† 13. Dc2Xc6† Ke8-d8 14.Sg1-e2! Dd4Xa1 15.Dc6Xa8 und Weiß hat Gewinnstellung; denn während sein König sich in vollständiger Sicherheit nach der kurzen Rochade befindet, ist der schwarze König hoffnungslos bloßgestellt.

Weiß hat seine Bauernstellung verdorben

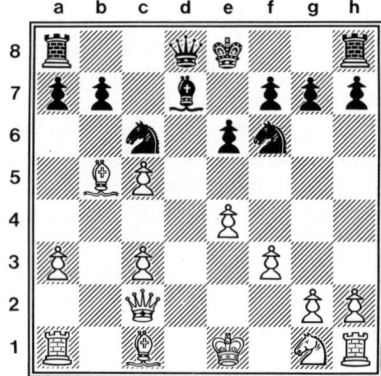

(Stellung nach 11.d4Xc5)

Man kann es als allgemeine Regel betrachten: findet es Ihr Gegner nutzlos, normale Verteidigungswege zu beschreiten, und verläßt er sich auf kleine Kombinationen zu Verteidigungszwecken, *müssen Sie sehr vorsichtig vor überstürzten Versuchen Ihrerseits sein, das bedrohte Material zu erobern;* oft können Sie dabei Ihren ganzen materiellen Vorteil einbüßen.

k) Das ist ein sehr schwacher Zug, denn er verschlimmert die weiße Bauernstellung, ohne einen ausgleichenden Gegenwert. Schwarz kann den Bauern leicht zurückerobern (so leicht, daß er sich nicht damit zu beeilen braucht), wonach er die nun geöffnete c-Linie zum Druck gegen den weißen c-Bauern ausnützen kann. Wie die Partie voranschreitet, werden wir klarer und klarer erkennen, welch ein tödlicher Mühlstein dieser schwache Bauer für die weiße Stellung bedeutet.

Und außerdem: um den vorgestoßenen c-Bauern wenigstens zeitweise zu behaupten, wird Weiß seinen Läufer gegen den Springer tauschen müssen. Das wird ihn nicht nur der zwei Läufer berauben, sondern *es wird Schwächen auf den weißen Feldern zurücklassen,* besonders auf dem Punkt c4.

Aus dem Obenstehenden ist nun klar, daß Weiß wohlberaten gewesen wäre, all diese schwierigen Probleme zu vermeiden und mit dem einfachen Entwicklungszug Sg1-e2 fortzufahren.

l) Im Falle von 14.Dc2-b2 folgt Td8-d3 mit sofortigem Rückgewinn des Bauern unter vorteilhaften Umständen. Schwarz beginnt so bereits Vorteil aus der *Schwäche der weißen Felder* zu ziehen.

m) Schwarz hat leichtes Spiel bei der Ausnützung der schwachen weißen Felder und bei der Verstärkung des Drucks auf den c-Bauern. Weiß hat so freiwillig die Waffe für seinen eigenen Untergang geschmiedet.

n) Die schwarze Dame steht auf a6 sehr gut. Sie ist bereit, auf den weißen Feldern einzudringen, sobald sich eine Gelegenheit bietet. Weiß ist genötigt, die Punkte c4, d3 und e2 zu schützen, um das Eindringen zu verhindern. Weiß ist positionell verloren, aber wenn er noch kämpfen

69

will, so besteht seine beste Wahl anscheinend in Ta1-a2, gefolgt von Ta2-d2 in der Hoffnung um die d-Linie kämpfen zu können. Man kann allerdings nicht sagen, daß es eine vielversprechende Strategie ist, denn Weiß ist nicht in der Lage, seine Türme auf der d-Linie zu verdoppeln.

o) Weiß hofft, f7-f6 zu erzwingen, ein Zug, der eine leichte Schwäche in der feindlichen Bauernstellung schaffen würde. Schwarz konnte diesen Vorstoß ohne weiteres „wagen", doch zweifellos rechnet er bereits mit dem freiwilligen Rückzug des Läufers von seinem wirkungslosen Platz auf g5.

p) Nach sorgfältigem Studium der Stellung ist nicht zu sehen, wie die tatsächliche Entwicklung der weißen Türme, die in der Partie so schwächlich verlaufen ist, verbessert werden könnte. *Das ist eine weitere Anklage gegen die früheren weißen Fehleinschätzungen.*

q) Schwarz hat sehr fein manövriert, *um einen unwiderstehlichen Druck auf das weiße Feld c4 auszuüben,* das ohne Verteidigung gelassen worden ist, als eines der Hauptergebnisse des fehlgeleiteten Spiels von Weiß in den Zügen 11 und 12.

r) Wiederum ist *die Schwäche der weißen Felder im Lager von Weiß* (die von seinen Zügen 11 und 12 herrührt) schmerzlich zu bemerken. Falls 25.Tf1-c1, so Se5-d3, falls 25. Db1-c1, so ebenfalls Se5-d3, und der gleiche Zug geschieht auch auf 25. Db1-e1, jeweils mit Eroberung

der Qualität. Falls 25.Sd4-e2, so La4-b5 und gewinnt, wenn 25.Le3-d2, so Se5-c4 26.Ld2-c1 Sc4-d6 27. Lc1-d2 e6-e5 28. Sd4-f5 Sd6Xf5 29. e4Xf5 Tc8-d8 mit Gewinnstellung.

s) Schwarz droht mit e6-e5 eine Figur zu erobern.

t) Auf 28.Tf1-e1 geschieht Se3-d1 mit Gewinn des Bauern c3 und leichtem Sieg in Sicht, weil die weißen Figuren weiterhin schlecht stehen.

u) Falls 29.Sd4-e2, so La4-b5 und gewinnt, zum Beispiel 30.Tf1-e1 Td7-d2 31.Kg1-f1 Tc8Xc3, gefolgt von 32. . . . .Tc3-c2.

v) Nach 29.Tf1-c1 entscheidet Schwarz natürlich das Spiel mit Td7Xd4.

ZUSAMMENFASSUNG: Mit seinen schlecht beratenen Zügen 11 und 12 behielt Weiß Bauernschwächen und begleitende Schwächen auf den weißen Feldern, von denen er sich nicht mehr zu erholen vermochte. Diese Schwächen verurteilten ihn zum Verlust der Führung, sie verhinderten dauerhaft eine harmonische Entwicklung, verdammten ihn zur Verteidigung und verdarben alle Gelegenheiten zum Gegenspiel.

Lektion X

a) Die Strategie des Weißen besteht darin, die lange Diagonale von h1-a8 zu beherrschen. Das Feld d5, *das im Zentrum liegt,* ist der wichtigste Teil der Schrägen, die Weiß zu kontrollieren hofft.

b) 3. . . .d7-d5 hat die Tugend, das schwarze Spiel zu befreien und eine gute Entwicklung seiner Streitkräfte zu gestatten. Andererseits würde nach 3. . . .d7-d5 4.c4Xd5 Sf6Xd5 5. Lf1-g2 die Kraft des weißen Königsläufers gesteigert werden. Nach dem Textzug hat Schwarz ein etwas beengtes Spiel, doch der Einfluß des weißen Königsläufers ist weniger ausgeprägt.

c) Es gibt zwei Gründe, die zugunsten von Lf8-b4 sprechen. Der erste ist, daß nun, da der weiße Läufer auf g2 steht, der Befreiungszug d7-d5 nicht mehr möglich ist und Schwarz darum mit d7-d6 zufrieden sein muß, und auf d6 würde der Bauer den Läufer einbauen und ihm wenig Spielraum lassen.

Der zweite Grund zugunsten von Lf8-b4 ist, daß diese Figur keine nennenswerte Zukunft hat und es daher die Mühe lohnt, den Läufer gegen den Springer abzutauschen, der eine der Figuren ist, die den Punkt d5 beherrschen. Kurz gesagt, dieser Tausch beseitigt eine weiße Figur, die nützlich zu werden verspricht gegen eine schwarze Figur, die nicht viel Zukunft haben wird.

d) Schwarz kann nicht mehr d7-d5 spielen (z.B. 6. . . .d7-d5, 7.c4Xd5 Sf6Xd5 8.Sf3Xe5 Sd5Xc3 9.Se5Xc6 Sc3Xd1 10.Sc6Xd8 Sd1Xf2 11. Lg2Xb7 Sf2-h3† 12.Kg1-g2 Lc8Xb7† 13.Sd8Xb7, eine interessante, lehrreiche Wendung, die an eine Kettenreaktion erinnert und schwer vorauszuberechnen ist), weil er einen Bauern verlöre. Er muß sich

daher mit dem einengenden Textzug begnügen, mit dem Ergebnis, daß sein schwarzfeldriger Läufer wenig Bewegungsfreiheit genießt.

e) 7.d2-d4 wäre entschieden vorzuziehen gewesen. Der Zug stellt Schwarz vor zwei unerfreuliche Alternativen: spielt er e5Xd4, so 8. Sf3Xd4 und der Druck des Weißen auf der Schrägen ist stärker als vorher. Vermeidet Schwarz andererseits e5Xd4, bleibt seine Stellung unangenehm zusammengedrängt.

f) Schwarz angelt nach dem Läufertausch mit Ld7-h3. Diese Unternehmung würde offensichtlich Schwarz begünstigen, weil sein Damenläufer weit weniger leistet als der gegnerische Königsläufer. Die logische Fortsetzung für Weiß wäre daher 8. h2-h3 und wenn 8. . . .Dd8-c8, so 9. Kg1-h2 und so fort.

g) Der Nachteil mit dem Zug Lc1-g5 in dieser Art von Stellungen ist der, daß Weiß, wenn der Läufer mit h7-h6 zur Erklärung gezwungen wird, ihn entweder abtauschen oder auf der ursprünglichen Diagonalen zurückziehen muß. Der Läufer darf nicht nach h4 zurückgehen wegen der Antwort g7-g5. Die Absicht des Weißen bei diesem Zug besteht darin, die Herrschaft über den Punkt d5 zu erlangen, indem er den schwarzen Springer, der d5 deckt, beseitigt. Wie sich jedoch zeigt, hat Weiß die Herrschaft über d5 nur vorübergehend.

h) Es ist schwer zu sehen, warum Weiß den Läufer schlägt, anstatt ruhig zu warten, bis Schwarz Lh3Xg2 spielt. Die letztere ist die Form, die für Weiß günstig ist, weil in diesem Fall die schwarze Dame *nicht stark ins Spiel kommt, wie in der Textfortsetzung.*

i) Im Augenblick sieht die schwarze Partie äußerst verkrampft aus! Er kann sich jedoch sogleich befreien mit Sc6-e7, gefolgt von c7-c6. Außerdem sollte er bereit sein, in wenigen Zügen ein gutes Gegenspiel zu erhalten mit f7-f5, je nach den Umständen gefolgt von e5-e4 oder f5-f4.

j) 16.Sf3-e1 war ein weit besserer Zug für Weiß. Die Fortsetzung könnte sein 16....f7-f5 17.Se1-g2 Tf8-f6 18.Sg2-f4 Dh3-h6 19.Ta1-d1 und Weiß hat ein gutes Spiel (falls 19....c7-c6, so 20.d4-d5!)

Der Textzug andererseits sieht riskant aus, wenn auch nur wegen des allgemeinen Grundsatzes, *darauf zu achten, daß der kurzschrittige Springer nicht zu weit vorprescht.*

k) 16.Sf3-g5? war ein schwerer Fehler und die Antwort des Schwarzen gehört in die gleiche Rubrik. Schwarz konnte eine Figur gewinnen, wenn er Dh3-f5! geantwortet hätte, denn sowohl 17.f2-f4 wie 17.h2-h4 wird entscheidend mit 17....h7-h6 beantwortet.

Die fehlerhafte Natur des Textzuges wird klar durch die Tatsache, daß nach 17.f2-f4 der Zug 17....h7-h6 keinen Zweck mehr hat.

l) 17.h2-h4? wäre ein grober Schnitzer, der zum Figurenverlust führt nach 17....h7-h6.

m) 17....f7-f5 ist minder gut, weil *dadurch auf dem Feld e6 ein Loch*

entsteht, und so der Springer einen Standort einnehmen kann, wo er eine gewaltige Wirkung ausübt. Viel stärker war 17....e4Xf3 e.p. 18. Sg5Xf3 f7-f5. Es folgt ein Druckspiel auf der e-Linie gegen den weißen *rückständigen e-Bauern.*

So wie Schwarz spielt, ist er es, der mit einer Bauernschwäche bleibt; folgerichtig geht die Führung auf den Gegner über.

n) Das angezeigte Vorgehen für Weiß ist, zu versuchen, *neue offene Linien* am anderen Flügel zu erhalten, wo er schon beträchtlichen Druck ausübt. Sein unmittelbares Ziel sollte c4-c5 sein.

Weiß hat entschieden die bessere Partie, denn seine Figuren sind vorteilhafter aufgestellt und die positionellen Trümpfe sind alle in seiner Hand. Die schwarzen Figuren arbeiten nicht zusammen; folgerichtige Ziele sind nicht vorhanden.

o) Schwarz, der sich in der in Anmerkung *n)* beschriebenen Lage befindet, hofft etwas Gegenangriff zu erhalten. Er strebt an, auf diese Weise etwas von dem Druck am Damenflügel abzuschütteln und zur gleichen Zeit seine Figuren zu größerer Wirkung zu bringen.

p) Zu diesem Zeitpunkt bestand kein rechter Anlaß zu e2-e3. Stärker wäre gewesen 21.Kg1-h1!, um 21....h5-h4 mit 22.g3Xh4 beantworten, die g-Linie besetzen und dadurch *seine Angriffsmöglichkeiten erhöhen* zu können, ohne dem Schwarzen die die Art von Chancen zu geben, die er nach dem Textzug erhält.

q) Manchmal sind die Gründe eines Spielers äußerst unlogisch! Weiß weigerte sich, Kg1-h1 im vorangegangenen Zug zu machen, als er so ohne ein Opfer spielen konnte. Statt dessen zieht er es vor, den Zug jetzt zu machen, wobei er einen Bauern einbüßt.

Es bestand jedoch keine Veranlassung, Material aufzugeben. 22.Dd2-g2 war ganz befriedigend, und falls dann 22....h4Xg3 23.Dg2Xg3 Dg4Xg3† 24.h2Xg3 mit Vorteil für Weiß.

r) Sich an den Bauern zu klammern ist keineswegs so wichtig, wie den Druck aufrecht zu erhalten. Schwarz konnte einen klaren Vorteil festhalten mit 24....Kg8-f7! 25.h2Xg3 (Schwarz drohte Tc8-h8) 25.... Tc8-h8† 26.Kh2-g1 Th8-h3 (mit der Drohung Ta8-h8) 27.Dd2-f2 Ta8-h8 und Schwarz hat Gewinnstellung. Es ist darum völlig klar, daß im 21. Zug Kg1-h1 notwendig und einen Zug später absolut nicht mehr am Platze war.

s) Es wäre verhältnismäßig besser gewesen, 25....Df3-h5†26.Kh2-g1 Kg8-f7 27.Th1-h2 Dh5-g6† 28. Th2-g2 Dg6-f7 29.Tg2-h2 Dh7-g8 (was für ein Feld für die Dame!) zu spielen. Der Textzug ist ein Fehlgriff, der Weiß einen leichten Gewinn überläßt.

t) Falls 26....Kf7-e8 27.Se6Xc7† Ke8-f8 28.Sc7-e6† Kf8-e8 29.Tg7-h7 und gewinnt leicht. Das gleiche gilt für 27....Tc8Xc7 28.Tg7Xc7 Df3-h5† 29.Kh2-g1 Dh5-g4† 30. Dd2-g2 und so fort.

Schwarz nimmt daher Zuflucht zu dem letzten verzweifelten Ausweg, indem er Kapital schlägt aus der *etwas entblößten Stellung* des weißen Königs.

Weiß muß den vorgerückten f-Bauern beseitigen

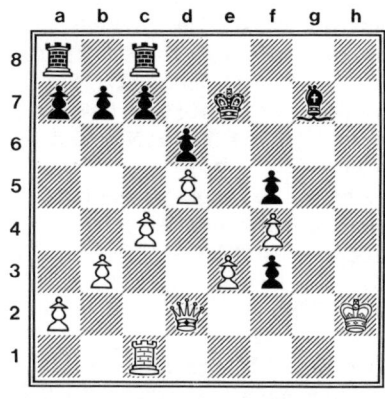

(Stellung nach 28....e4Xf3)

u) In Stellungen, in denen man gerade etwas wichtiges Material erobert hat, besteht die Neigung, sich zu entspannen und das verbleibende Spiel zu leicht zu nehmen. Dies ist jedoch unklug. Denn wenn das materielle Übergewicht so groß ist, ist es doppelt unvernünftig, so sorglos zu spielen, daß sogar ein großer Materialvorteil nichtig wird!

In der gegenwärtigen Stellung zum Beispiel erfordert der 29. Zug von Weiß einige Sorgfalt. Betrachten wir mehrere Möglichkeiten:
1. 29.Tc1-g1 Tc8-h8† 30.Kh2-g3 Ta8-g8 31.Kg3Xf3 Th8-h3† 32.

Kf3-g2 und gewinnt, aber nicht 32. Tg1-g3? Th3Xg3† 33.Kf4Xg3 Lg7-c3†. Nicht gut ist 31.Dd2-d1? Lg7-d4†! und Schwarz gewinnt, wie aus 32.Kg3Xf3 Th8-h3† 33.Kf3-e2 Th3Xe3† 34.Ke2-d2 Tg8Xg1 35. Dd1Xg1 Te3-d3† hervorgeht.

2. 29.Dd2-f2 (um den gefährlichen Bauern f3 sofort zu entfernen) Tc8-h8† 30.Kh2-g3 Ta8-g8 (falls Lg7-f6, so 31.Kg3Xf3 Lf6-h4 32.Df2-c2!, um Ta8-g8 mit 33.Dc2Xf5 zu beantworten) 31.Kg3Xf3 Lg7-f6 32. Tc1-g1 Lf6-h4 33.Tg1Xg8 und gewinnt.

3. 29.Tc1-f1 (strebt wieder danach, den f-Bauern zu beseitigen) 29.... Tc8-h8† 30.Kh3-g3 Ta8-g8 31. Kg3Xf3 Th8-h3† 32.Kf3-e2 Th3-h2† 33.Tf1-f2 und so fort mit Gewinn.

v) 30.Dd2-f2? hinterläßt trotz seines naheliegenden Aussehens Weiß in einer hoffnungslos verlorenen Stellung. Hier sind einige Alternativen:
1. 30.Th1-f1 Tg8-h8† 31.Kh2-g3 Ta8-g8 32.Kg3Xf3 Th8-h3† 33.Kf3-e2 Th3-h2† 34.Tf1-f2 und gewinnt.
2. 30.Dd2-d3? Lg7-f6! 31.Th1-g1 (wenn 31.Dd3Xf5?, dann 31.... Tg8-g2†, gefolgt vom Matt) 31.... Tg8-h8† 32.Kh2-g3 Ta8-g8† 33. Kg3-f2 Lf6-h4† 34. Kf2-f1 Tg8Xg1† 35.Kf1Xg1 Th8-g8† 36.Kg1-h2

(sonst gewänne 36....f3-f2 nebst Tg8-g1 sofort) 36....Lh4-f2! (droht matt auf h8) 37.Dd3-d4 (oder 37. Dd3Xf5 Tg8-h8† und Weiß muß die Dame hergeben) 37....Tg8-g4! wiederum mit Damengewinn nach 38.Dd4-h8 Tg4-h4†. Auch diese Variante zeigt, wie lebenswichtig es ist, den kraftvollen schwarzen f-Bauern zu beseitigen.
3. 30.Th1-g1 Lg7-f6 und die weiße Stellung ist äußerst schwierig, zum Beispiel 31.Tg1-g3 Tg8-h8† 32. Kh2-g1 Ta8-g8 33.Tg3Xg8 Th8Xg8† 34.Kg1-h1 Lf6-h4 und so fort.

Wir stellen fest, daß, während Weiß einen ziemlich raschen Gewinn im 29. Zug hatte, die Siegesaussicht bereits im direkt folgenden Zug verringert war, und zwar so sehr, daß Weiß mit dem Textzug fehlgreift und tatsächlich noch verliert.

w) Falls 31.Th1-g1 (zu spät, sich noch herauszuwinden!) 31....Tg8-h8† 32.Kh2-g3 Lf6-h4† und Schwarz gewinnt.

ZUSAMMENFASSUNG: Weiß verpaßt einige sehr günstige positionelle Möglichkeiten in der Eröffnung. Später greifen beide Spieler in einer Anzahl von Fällen grob daneben. Solche Nachlässigkeit bringt Unheil.

Analyse verschiedener Stellungen

Fehler, die zu vermeiden sind

1. Weiß spielt 1.f2-f3 und erobert eine Figur. Unerfahrene Spieler begehen häufig den Fehler, angegriffene Figuren mit anderen Steinen zu decken, die zu weit vorgeprescht und daher selbst Angriffen ausgesetzt sind (Scheindeckung). Beachten Sie, als Gegenüberstellung, wie sicher der weiße Springer auf d5 steht. Allgemein gesprochen ist ein solcher Vorposten am sichersten von einem Bauern gedeckt, in diesem Falle vom Be4.

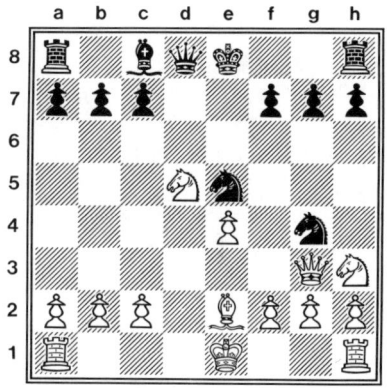

Weiß am Zug

2. Daß der Zug 1.Dc4Xc7 ein Fehler ist, zeigt die Fortsetzung 1. . . . Dd8Xc7 2.Sd5Xc7 Ta8-c8. Weiß ist nun einem *Doppelangriff* ausgesetzt: sein Springer ist bedroht, und außerdem muß Weiß mit Sd4-c2 rechnen. Er büßt darum die Qualität ein. 1.Dc4Xc7? ist ein Irrtum, der sich auf eine Art von optischer Täuschung gründet, die unter Amateuren häufig anzutreffen ist. Weiß vergaß, daß das Verschwinden seiner Dame den Gabelzug Sd4-c2 ermöglicht.

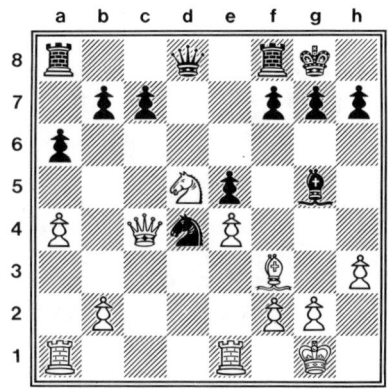

Weiß spielt 1.Dc4Xc7.

75

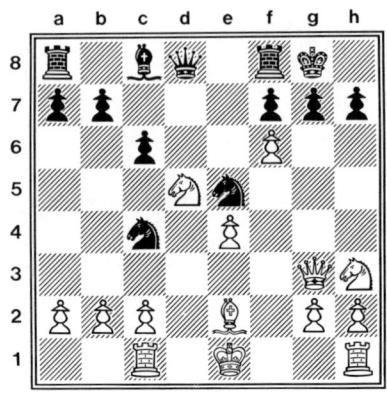

Schwarz spielt Dd8-a5†.

3. Schwarz ist durch ein einzügiges Matt bedroht. Seine Antwort 1.... Dd8-a5† läßt die erwähnte Drohung außer acht. Der Zug ist ein krasser Mißgriff, denn Weiß beantwortet das Damenschach mit 2.b2-b4. Er droht noch immer matt und greift gleichzeitig die Dame an.

Hüten Sie sich, solchen *Doppelangriffen* zum Opfer zu fallen.

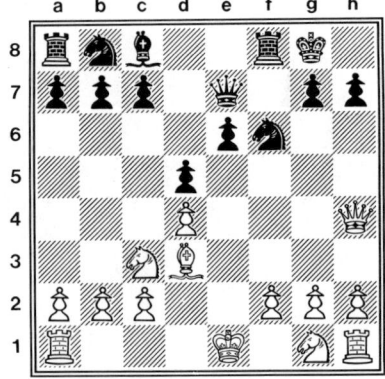

Schwarz zieht Sb8-d7

4. Der schwarze Zug Sb8-d7 ist ein Fehler, weil er die Antwort Ld3Xh7† erlaubt. Die Tatsache, daß die schwarze Dame *ungedeckt* stand, bedeutete, daß sein h-Bauer nur *scheinbar* gedeckt war.

Schwarz konnte den Schutz des h-Bauern betriebssicher machen, indem er die Angriffslinie des Läufers unterbrach (g7-g6) oder indem er die Dame wegzog (De7-f7) oder indem er die Dame schützte (Tf8-e8). Es ist immer nützlich, einen letzten Blick auf die Stellung zu werfen, um solche scheußlichen Angriffe abzuwehren.

5. Der weiße Zug 2.Lb5-c4 ist, um damit anzufangen, ein strategischer Fehler. In Eröffnungen, wo der gegnerische schwarze e-Bauer auf e5 steht, ist Ihr Königsläufer auf c4 gut postiert, weil er eine freie Diagonale besetzt. Ist aber der gegnerische e-Bauer noch auf e6, so ist die Diagonale a2/g8 zum Teil blockiert, und die Chance, daß Ihr Königsläufer auf c4 wirksam wird, ist ziemlich schmal. Abgesehen davon, ist 2. Lb5-c4 ein ernster Fehlgriff, wie Schwarz durch die Antwort 2. ... b7-b5 zeigen konnte. Der Läufer muß zurückweichen, dann folgt c5-c4 und der unglückliche Läufer steckt in der Falle (Weiß *mußte* a7-a6 mit 2.Lb5Xd7† beantworten).

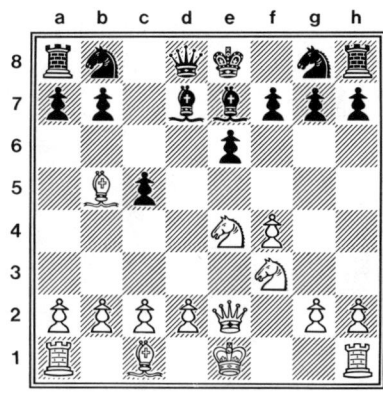

Es geschah – 1. ... .a7-a6 2.Lb5-c4 Ld7-c6.

6. Schwarz hat eine Gewinnstellung, seine beiden formidablen Läufer sichern ihm die Eroberung des wichtigen a-Bauern. Er ist jedoch zu vertrauensselig und übersieht die schlaue weiße Erwiderung 3.Lf3-d1, die den a-Bauern rettet.
Der richtige Weg war 1. ... .La3-b2!. Dieser Einleitungszug schließt die Möglichkeit von Se2-c3 aus. Schwarz kann dann Lc4-b3 spielen und sich den a-Bauern zu Gemüte führen.
Moral: *Haben Sie ein gewonnenes Spiel, forschen Sie immer nach dem sichersten Weg. Es ist ein allgemeines psychologisches Fehlverhalten unerfahrener Spieler, ohne scharfe Nachprüfung hastig naheliegende Züge zu machen.*

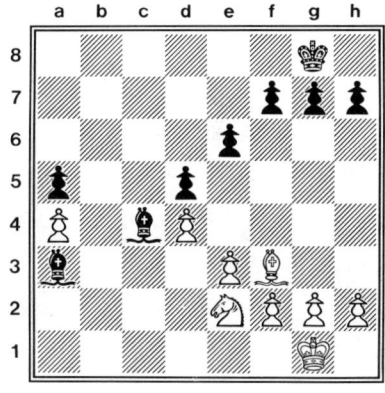

1. ...	Lc4-b3
2.Se2-c3	La3-b4
3.Lf3-d1	Lb3Xd1
4.Sc3Xd1	

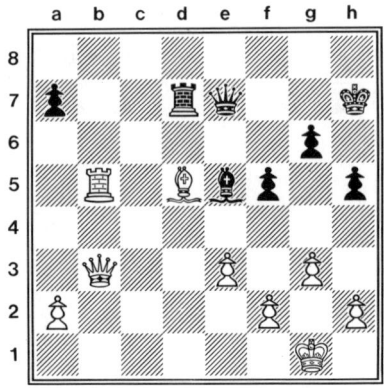

Weiß spielt Kg1-g2, und Schwarz erwidert Kh7-g7.

7. Weiß versäumt, indem er Kg1-g2 spielt, den vernichtenden Doppelangriff Ld5-e6, der gleichzeitig den schwarzen Läufer und den Turm angreift. Weiß würde so mindestens die Qualität erobern. Nach dem weißen Zug Kg1-g2 liegt es an Schwarz, die Drohung Ld5-e6 zu parieren. Der Nachziehende ist aber ebenfalls nicht auf der Höhe, denn seine Antwort Kh7-g7 erlaubt wiederum Ld5-e6. So haben beide Spieler übersehen, daß die Deckung des Läufers durch die Dame durch den Zug Ld5-e6 als *Scheindeckung* entlarvt wird.

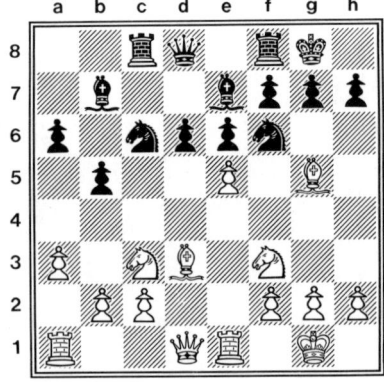

Schwarz spielt Sf6-d7

8. 1. . . .Sf6-d7 gründet sich auf ungenügende Erwägung eines ziemlich gewöhnlichen *Doppelangriffs*. Es folgt 2.Lg5Xe7 Dd8Xe7 3.e5Xd6. Schwarz darf nun nicht 3. . . . De7Xd6?? wagen, denn dann erobert 4.Ld3Xh7† die Dame. Weiß hat so wertvollen materiellen Vorteil errungen.

9. 1.f4-f5 ist ein Zug, der schwer zu beantworten ist (Anm. d. Übers.: Mit sofortigem Td1Xd7 konnte Weiß zwei Springer für den Turm erobern, müßte allerdings dann das Eindringen eines Turms zulassen (nach 1.Td7: Td7: 2.Dd6: Td2). Weiß droht 2.Lg3-d6 mit Qualitätsgewinn. Allen Damenzügen begegnet 2.Td1Xd7 mit Ausnahme des Zuges 1...De7-d8, der den Sb6 deckt. Züge des Damenturms als Antwort auf 1.f4-f5 werden mit 2.Lg3-d6 mit Qualitätsgewinn beantwortet. 1.... Sb6-c8 erfährt ebenfalls die Antwort 2.Lg3-d6 mit Qualitätsgewinn. Auf 1....Tf8-d8 kann Weiß noch immer 2.Td1Xd7 spielen und zwei Figuren für den Turm erobern. Außer dem erwähnten Damenzug gibt es noch einen Zug zur Abwehr der Doppeldrohung Lg3-d6 und Td1Xd7, nämlich Tf8-a8 zur Deckung des Turms. Alle anderen plausiblen Verteidigungen gehören zur Klasse der *Scheindeckung*. Solche Stellungen sind für den Verteidiger schwer zu behandeln, weil er leicht bei der Suche nach einer Abwehr gegen die *offensichtliche Drohung* die *versteckte Drohung* übersehen kann.

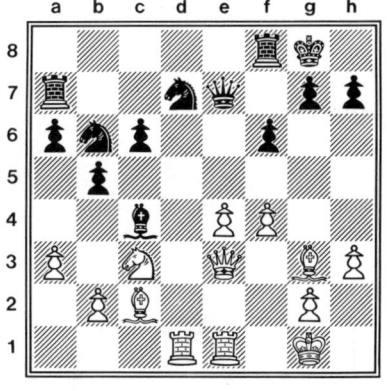

Weiß spielt 1.f4-f5. Was sollte Schwarz antworten?

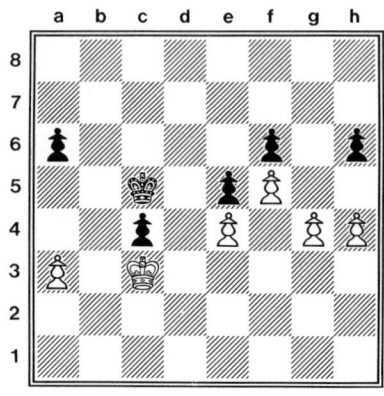

1.a3-a4	a6-a5
2.h4-h5	Kc5-b6
3.g4-g5	f6Xg5
4.f5-f6	Kb6-c6
5.f6-f7	

Schwarz gab auf.

a b c d e f g h

Schwarz zieht Lg7-e5

10. Diese Stellung illustriert einige nette Pointen des Bauernendspiels – die Opposition und die Kraft eines Freibauern. Der schwarze Zug 2. . . . Kc5-b6?? verliert unmittelbar, weil der schwarze König dann *zu weit vom Königsflügel entfernt* steht, um den Freibauern aufzuhalten, den Weiß mit 3.g4-g5! erzeugt. Beachten Sie einen interessanten Punkt zu 2. . . .Kc5-b6: geschieht darauf 3.Kc3Xc4, so folgt Kb6-c6. Schwarz hat die Opposition und hält unentschieden. Der einzige Gewinnversuch ist 4.g4-g5 f6Xg5 5.f5-f6 Kc6-d6 und *Schwarz* gewinnt!

Der richtige Zug für Schwarz war 2. . . .Kc5-d6!. Falls dann 3.Kc3Xc4, so Kd6-c6 und weiter wie im vorangegangenen Absatz. Wiederum ist auf 2. . . .Kc5-d6 der Durchbruch 3.g4-g5 f6Xg5 nicht möglich, denn der schwarze König, der sich im Quadrat des f-Bauern befindet, hat reichlich Zeit, um auf das Umwandlungsfeld zu gelangen.

11. Der schwarze Zug 1. . . .Lg7-e5?? sollte sofort verlieren nach 2.Lf3-d5† mit Damengewinn. Die Antwort des Weißen auf 1. . . . Lg7-e5?? war 2.g2-g3?, das dem Schwarzen gestattete, sich mit 2. . . . Lb7Xf3† 3.Tf1Xf3 Df4-c4 herauszuwinden. Vorsicht für Schwarz: *Machen Sie einen Zwischenzug wie hier 1 . . . .Lg7-e5, untersuchen Sie die Stellung, um sicherzugehen, daß Ihr Gegner statt eines Verteidigungszuges nicht seinerseits einen kraftvollen Zwischenzug machen kann!*

12. *Der schwarze Zug 1...Lf5-h3?*
war ein schweres Versehen, denn statt
den Läufer sofort zu nehmen, hätte
Weiß 2. Td8-h8†, das den König nach
g6 zwingt, einschalten, und so das
Turmschach, das später auf g6 erfolgt, unmöglich machen können.
Wir sehen also, daß sogar ein ganz
routinemäßiger Schlagfall sorgfältig
untersucht werden sollte.
Zweitens, Weiß erhielt ein verlorenes Spiel, weil er diese Einschaltung
unterließ. Schwarz sollte das nach-
weisen mit dem richtigen Schach im
3. Zug, nämlich De4-c4† (anstelle
von De4-h1†?) und *Schwarz* gewinnt! Schreckliche Sorglosigkeit
beider Spieler.

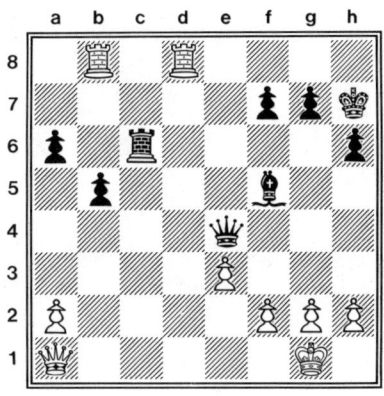

Es folgte:
1...	Lf5-h3
2.g2Xh3	Tc6-g6†
3.Kg1-f1	De4-h1†
4-Kf1-e2	Dh1Xa1
5.Td8-h8 matt.	

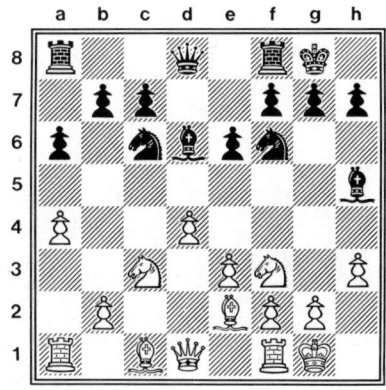

13. Der weiße Zug e3-e4 ist ein
Fehler, denn der d-Bauer ist nur
noch *scheinbar* geschützt. Also:
1...Lh5Xf3 2.Le2Xf3 Sc6Xd4!,
und 3.Dd1Xd4 wird mit 3...Ld6-
h2† beantwortet. Eine häufig vor-
kommende Falle (man vergleiche
mit Beispiel Nr. 8).

Weiß zieht e3-e4

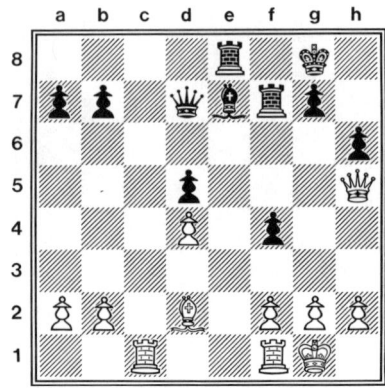

Schwarz zieht Tf7-f5

14. Noch ein Beispiel der *Scheindeckung*. Schwarz zieht 1....Tf7-f5 (allzu offensichtlich!), doch nach der überraschenden Antwort 2.Tc1-c7! stellt Schwarz fest, daß er einen Bauern einbüßt, gleichgültig wie er fortsetzt!

15. Eine merkwürdige Stellung für das Spiel am Brett. Die beiden bemerkenswertesten Merkmale sind die eingeklemmte Stellung des schwarzen Damenläufers und der ziemlich durcheinandergeratene Stand der Steine im allgemeinen. Hätte Weiß an diese Tatsachen genügend Nachdenken verwandt, hätte er nachgewiesen, daß 1....Ke8-d8 *eine Scheindeckung* darstellte (in diesem Falle gab es sicherlich keine bessere für Schwarz!), in dem er 2.e5-e6! spielt. So droht er gleichzeitig 3.e6Xd7 Lc8Xd7 4.Tf1-d1 (und Schwarz muß auf b6 die Qualität opfern) und 3.Sb6Xc8! mit Figurengewinn (3.Le3-d4 Tb2Xb6 erobert nur die Qualität), denn 3.... Kd8Xc8 würde wegen 4.Le3-d4 sogar einen Turm kosten. Die Antwort 2....Tb2Xb6 war dann erzwungen (mit Qualitätsgewinn für Weiß).

Weiß beging hier einen schlimmen Fehler, indem er 2.c2-c4? zog, und wenn auch nur in der Hinsicht, daß Stellungen mit seltsamen Begleitumständen die Einbildungskraft eines Spielers anregen sollten, nach einer witzigen Lösung des Problems zu fahnden.

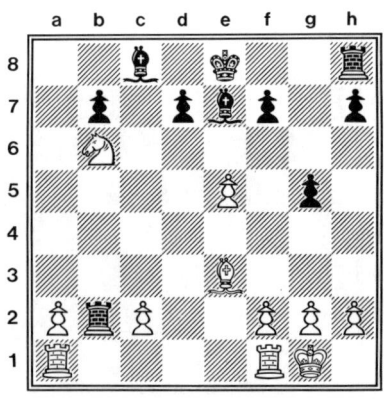

1 ....   Ke8-d8
2.c2-c4

16. Der schwarze Zug 1. . . .De5-f5 reicht für Gewinnzwecke vollständig aus. Es gab jedoch einen rascheren Weg zum Sieg: 1. . . .Tg5Xg2†!. Falls dann 2.Kg1Xg2, so 2. . . .De5-g5† 3.Kg2-h1 (falls 3.Kg2-f3, so Dg5-g3† 4. Kf3-e4 Dg3-e3†, oder 3.Kg2-f2 Dg5-g3† 4.Kf2-e2 Dg3-e3† 5. Ke2-d1 De3-d2≠) 3. . . . Dg5-h4† 4.Kh1-g2 Dh4-g3† nebst matt im nächsten Zuge. *Suche immer nach dem kürzesten Weg.*

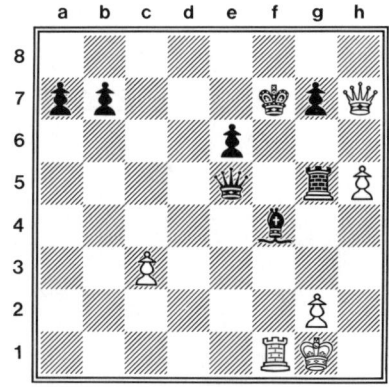

1. . . .	De5-f5
2.Dh7Xf5†	Tg5Xf5
3.g2-g4	Lf4-e3†
4.Kg1-g2	Tf5Xf1

und so fort.

17. Nachdem Schwarz das Zentrum mit 1. . . .d5Xc4 aufgegeben hat, muß er über einen Weg nachdenken, *einen entsprechenden Anteil an der Zentralzone wiederzugewinnen,* um gerade einen solchen Zusammenbruch zu vermeiden, der sich in der tatsächlichen Partie ereignete. Für diesen Zweck war es nötig, 2. . . . Lb4-d6 oder 2. . . .Dd8-e7, gefolgt von e6-e5, zu spielen.

Besser als 3. . . .Sb6-d5? wäre 3. . . . h7-h6 gewesen, das den sofortigen Verlust eines Bauern vermeidet. Der Schaden ist allerdings schon mit 2. . . .Sd7-b6 eingetreten, so daß das schwarze Spiel notwendigerweise entschieden minderwertig bleibt.

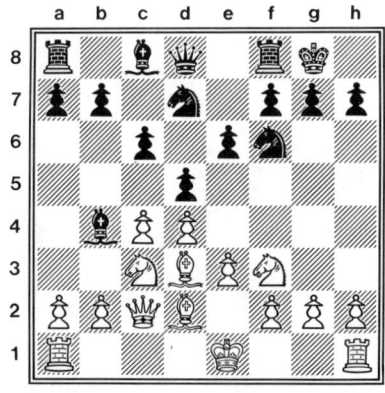

Es folgte:

1. . . .	d5Xc4
2.Ld3Xc4	Sd7-b6
3.Lc4-d3	Sb6-d5
4.e3-e4	Sd5-e7
5.e4-e5.	Kommentieren

Sie bitte das schwarze Spiel.

83

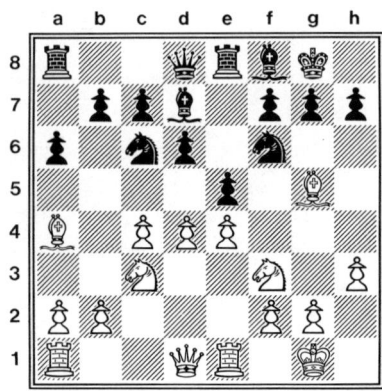

18. Der Zug 1....g7-g6? ist ein Fehler, der eine ganze Figur nach der Antwort 2.La4Xc6 kostet, zum Beispiel 2....Ld7Xc6 3.d4xe5 d6Xe5 4.Dd1Xd8, gefolgt von 5.Lg5Xf6; oder 2....b7Xc6 3.d4Xe5 d6Xe5 4.Lg5Xf6 Dd8Xf6 5.Dd1Xd7. Der Fehler in 1....g7-g6? liegt in *der freiwilligen Schwächung der Stellung des Springers auf f6.* Das Ergebnis dieser Schwächung ist, daß die gefährdete Lage der schwarzen Figuren materiellen Nachteil unvermeidlich macht.

1....   g7-g6
2.Dd1-d2

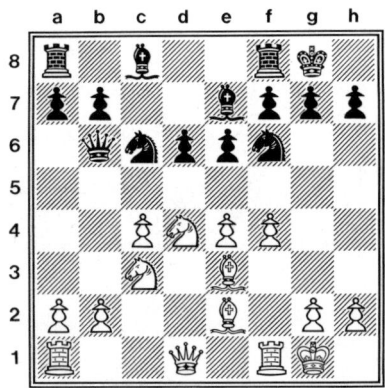

19. Daß 1....Db6Xb2?? ein tödlicher Irrtum ist, zeigt die Antwort 2.Sc3-a4 und die Dame ist verloren! Falls 2....Db2-b4 3.Le3-d2 Db4-a3 4.Sd4-b5 und die Dame hat keinen Fluchtweg; das gleiche tritt ein nach 2....Db2-a3 3.Le3-c1 Da3-b4 4.Lc1-d2 Db4-a3 5.Sd4-b5.

Das Einfangen der Dame ist vielleicht nicht so leicht zu sehen. Der leitende Grundsatz ist jedoch offensichtlich (den Bb2 mit der Dame zu schlagen führt fast immer zu Schwierigkeiten), und Weiß braucht sich nur mit den taktischen Berechnungen abzugeben.

Schwarz spielt 1....Db6Xb2 und Weiß antwortet 2.Dd1-d3.

20. Der weiße Zug 1.Kg1-h1? geschah, um den Turm d4 zu entfesseln. Der Zug ist gleichwohl ein schwerer Fehler, denn die Fesselung kann beseitigt werden auf eine *viel günstigere Art:* 1.b3-b4! Die schwarze Dame kann die Fesselung nicht mehr aufrechterhalten und Weiß kommt zu dem siegreichen Springerschach auf f6.
Nach dem fehlerhaften 1.Kg1-h1? hatte Schwarz jedoch die Möglichkeit, die Partie zu seinen Gunsten mit 1....f5Xe4 zu entscheiden. Falls dann 2.Te1Xe4, so Td8Xd5 und gewinnt, falls 2.Sd5-f6†, so Kg8-f7! und Schwarz gewinnt (in ihren Berechnungen müssen beide Spieler übersehen haben, daß die weiße Dame von dem Bauern *angegriffen* wird.)
Der unrichtige Zug 1....Kg8-h8 machte es dem Weißen möglich, seine Stellung mit b2-b4 zu sichern. Inzwischen haben beide Spieler ernsthafte Fehler gemacht und die Stärke des Punktes d5 und die weiße Fesselung falsch eingeschätzt.

21. Die erfindungsreiche Kombination des Weißen konnte Schwarz ausschalten durch den einfallsreichen Zug 2....Se5-d3†. Weiß hat nichts Besseres als 3.De4Xd3, worauf Schwarz 3....Lf6-b2†, gefolgt von De6xh6 spielt und gewinnt.
Beide Spieler verdienen Kritik, weil sie diese ziemlich offensichtliche Verteidigungschance übersehen haben.

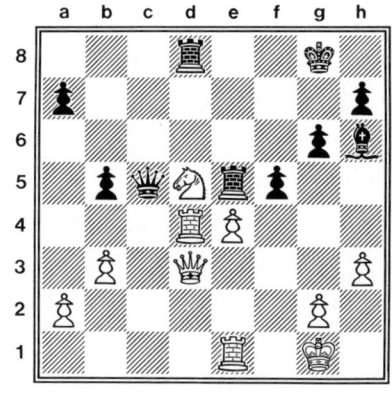

1.Kg1-h1	Kg8-h8
2.b3-b4	Dc5-d6

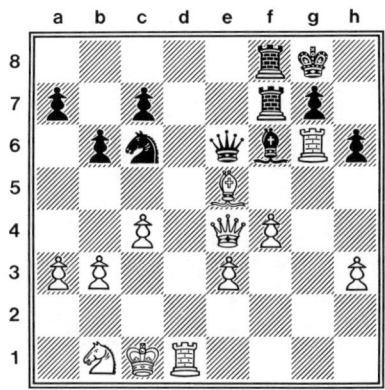

1.Td1-g1	Sc6Xe5
2.Tg6Xh6	Tf7-e7
3.De4-h7†	und gewinnt

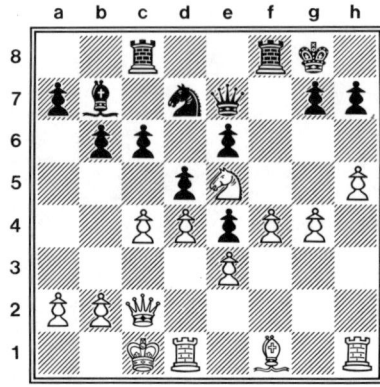

Schwarz spielt 1. . . .c6-c5

22. Der schwarze Zug 1. . . .c6-c5 kommt dem Betrachter wie ein äußerst naheliegender Zug vor, denn er scheint zu einem entscheidenden Gegenangriff auf der c-Linie zu führen. Unglücklicherweise übersieht Schwarz die tödliche Antwort 2.Se5-g6, mit der Weiß die Qualität erobert. Schwarz darf nicht wagen, den Springer zu nehmen (h7Xg6), denn Weiß antwortet 3.h5Xg6, und es gibt keine befriedigende Verteidigung gegen das drohende Dc2-h2 oder sogar vorher Th1-h8†.

Hätte Schwarz natürlich diese Möglichkeit rechtzeitig erkannt, hätte er vor c6-c5 Sd7Xe5 eingeschaltet. Indem er 1. . . .c6-c5? zog, mißachtete er die Regel „einen letzten Blick" auf die Stellung zu werfen, bevor sein angezeigter Zug ausgeführt wird.

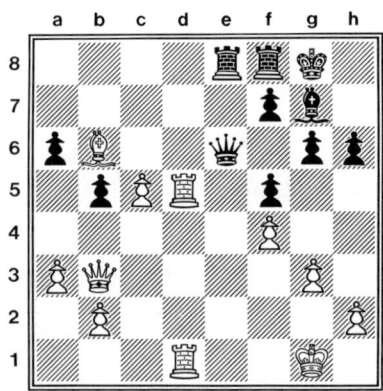

Weiß spielt 1.Lb6-c7.
Wie lautete die Antwort?
Schlagen Sie einen besseren Zug als 1.Lb6-c7 vor.

23. Der Zug 1.Lb6-c7? gestattete die sehr hübsche Antwort 1 . . . .Lg7-d4†!! Das erzwingt die Partieaufgabe des Weißen, denn Schlagen des Läufers führt zum Verlust der Dame oder zum Matt.

Ein Zug wie etwa 1.Db3-c2 war darum richtig. 1. . . .Lg7-d4† wäre unmöglich, und der drohende Vorstoß des c-Bauern hätte Schwarz in eine unhaltbare Stellung gebracht.

24. Das Spiel hier scheint ganz einfach und offensichtlich zu sein, und dennoch ist der erste Zug dieser Reihe ein grober Bock! 1.Sg3-e4?? sollte beantwortet werden mit 1....b7-b5. Falls dann 2.Se4Xf6†, so erobert g7Xf6 eine Figur; falls 2.Da4Xb5, so Sf6Xe4 ebenfalls mit Figurengewinn, denn Weiß kann nicht zurücknehmen wegen der Mattdrohung auf der Grundreihe. Die hübscheste Variante ist 2.Da4-b3 Sf6Xe4 3. Te1Xe4 Dc7-b7 4.Se5-f3 (erzwungen) Db7Xe4 5.Sf3Xd2 De4-e1† und matt im nächsten Zuge.

Die außerordentlich lehrreiche Möglichkeit 1....b7-b5! illustriert die wohlbekannte *Überlastung der Figuren,* die mehr Verteidigungsaufgaben ausführen müssen, als sie auf befriedigende Weise zu bewältigen in der Lage sind.

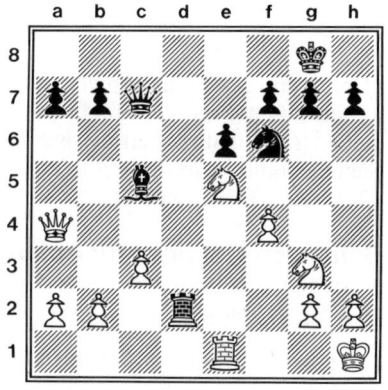

1.Sg3-e4	Sf6Xe4
2.Da4Xe4	Td2Xb2
3.Te1-d1	Tb2Xa2

Schach bei Franckh

Schach und matt
Schachspielen – die reine Freude

Von Fred Reinfeld

„Der Reiz des Schachspiels liegt in seinen unerschöpflichen Möglichkeiten", sagt Fred Reinfeld, der bekannte amerikanische Schachschriftsteller im Geleitwort zu diesem Band. Der Leser wird mit Geschick und Sachverständnis in diese Reize eingeführt.
62 Seiten, 63 Diagramme.

Schacheröffnungen für Anfänger und Fortgeschrittene
Varianten und Beispiele in Theorie und Praxis

Von Theo Schuster

Oft entscheiden beim Schach die ersten Züge über den weiteren Spielverlauf. Der Verfasser gibt dem Schachbegeisterten wichtige Ratschläge anhand von 30 Eröffnungen, die durch zahlreiche Diagramme veranschaulicht werden.
79 Seiten, 92 Diagramme.

Das Mittelspiel im Schach
Was der Amateur vom Mittelspiel wissen sollte – Ratschläge und Beispiele

Von Jànos Flesch

Der Autor erklärt die Rolle der einzelnen Figuren im seltener beschriebenen Mittelspiel. Die Organisation von Tempo und Raum wird an Beispielen aus der jüngsten Turnierpraxis großer Schachspieler erläutert.
80 Seiten, 106 Diagramme.

Das Endspiel im Schach
Was der Amateur vom Endspiel wissen sollte – 100 Lektionen aus Theorie und Praxis

Von Theo Schuster

Im Endstadium entscheidet oft ein einziger Zug die Partie. Theo Schuster macht seine Leser in diesem Band mit wichtigen Kniffen bekannt, die in der Endspielphase weiterhelfen.
67 Seiten, 118 Diagramme.